新学习/新教学译丛　盛群力　滕梅芳　主编

生成学习策略

[英] 佐伊 · 恩舍　马克 · 恩舍　著
(Zoe & Mark Enser)

盛群力　译

教育科学出版社
· 北 京 ·

目 录

第二章

结构映射策略 13

第三章

绘制图示策略 23

第四章

联想要义策略 33

第五章

自我检查策略 45

丛书前言

汤姆·谢林顿
（Tom Sherrington）

当我们看到《罗森海因教学原理之应用》（*Rosenshine's Principles in Action*）这本小册子非常受欢迎后，约翰·卡特教育公司出版“教学应用攻略”的团队提出了编写“应用（In Action）系列图书”的想法，以此来帮助教师获悉研究人员、认知科学家和教育工作者的各种想法。在教学和教育研究领域，我们一直面临的一项挑战是：从形成一套可能对教师有用的概念和结论，到教师利用这些概念和结论更有效地指导学生，这两者之间存在明显的差距。有时候，由于一路上会遇到的各种沟通障碍，可能会导致理念的最终落实与最初倡导者的初衷大相径庭。有时候，听老师讲述他们如何落实一个理念比直接从研究人员或认知科学家那里了解这个理念更有说服力，因为这样做缩短了理论与实践的差距，扫除了一些障碍。

在我们的“应用系列图书”中，作者及其合作伙伴都是和学校课堂活动关系密切的教师或学校领导。他们将学科成果转化为实践的策略，以一种我们相信能够促进教师的专业学习并最终推动其课堂实践的方式，为一系列强有力的原创理念带来了新的活力。他们这样做也是在向最初的研究人员及其研究工作表示敬意。在教育领域，同生活中的许多领域一样，我们正站在巨人的肩膀上。我们认为，本系列所选择的有特色的研究人员和论文，代表了近年来教育领域所做的一些最重要的工作。

马克·恩舍（Mark Enser）和佐伊·恩舍（Zoe Enser）两人都是作品丰富的博主和作家，都能以一种既严谨又简单可行的方式传达理念的精髓。他们对洛根·费奥雷拉（Logan Fiorella）和理查德·梅耶（Richard Mayer）的生成学习策略的梳理和阐释就是一个很好的例子。

最后，在主编这套图书的时候，我们要感谢 2013 年由汤姆·贝纳特（Tom Bennett）发起的“教育研究”运动（the researchED movement）。我有幸出席了第一次会议。近些年，看到这场运动在日益壮大。我觉得我们很多人，包括“应用系列图书”的几位作者，都应该特别感谢“教育研究”运动为教师和研究人员所提供的分享理念和观点的平台。因此，我们很高兴能够为“教育研究”运动捐献一部分版税，以支持他们还在进行的非营利活动。

序 言

洛根·费奥雷拉
（LOGAN FIORELLA）

作为教育工作者，我们不仅仅希望学生记住事实性知识。诚然，事实性知识很重要，但我们需要的远不止这些。我们希望学生能够理解自己所学到的知识，以便他们能够将知识应用到新的情境中。我们希望他们能超越课堂，看到知识对未来学习和解决问题的影响。简而言之，我们想要推动“生成学习”（generative learning）。

生成学习意味着基于我们已经知道的东西来检验和理解自己的经验。举例来说，想象一下你在机场候机楼，有人带着行李从你身边一路狂奔。你心想，他们一定是快要赶不上飞机了。你对这种情况很了解，因为它符合你对机场里相关场景的一般认知。但是请注意，你不仅仅是在观察这种行为，你还对这一行为“生成”了合理的解释。当然，有时事情也会变得不合情理，也就是说，我们很难对某些情境做出合理的解释。比如，为什么那个人在博物馆里奔跑？

虽然大家是天生的意义创造者，但我们对意义的渴望并不总是能转化为在课堂上对抽象概念的学习。事实上，许多学生并没有自发地参与生成学习，或者他们的努力收效甚微。在一项研究中，我们发现，大多数学习“人体呼吸系统”的大学生都是直接从课堂上抄单词和短语（有时甚至是整句话）来做笔记，而不是试图建立一个连贯的“思维模型”来了解人体呼吸系统是如何工作的。不用说，这些学生并没有对人体呼吸系统形成透彻的理解。不幸的是，许多人的默认做法是把学习过程当作一个被动的使用磁带录音的过程，而不是一个主动的意义创造的过程。

教师如何促进生成学习？在过去的 40 年里，认知科学家和教育心理学家在回答这个问题上取得了实质性进展，且有一些重要的主题从这些研究中涌现。2015 年，在我与梅耶（Richard Mayer）合著的《学习作为一种生成活动：八种促进理解的学习策略》（*Learning as a Generative Activity: Eight Learning Strategies that Promote Understanding*）一书中，我们回顾了大量关于学习策略的文献，并从中确定了八个简单的活动，这些活动在许多学习中被证明可以促进学生的理解。这就是：善作小结、结构映射、绘制图示、联想要义、自我检查、自我解释、乐于教人和具身体验。每个活动都支持由我们称为“选择—组织—整合”（SOI）模式所反映的一组共同的过程：选择关键观念，将它们组织成一个连贯的结构，并与原有知识进行整合。我们还利用现有的证据来明确每种策略在何时以及对谁最有效。

很明显，从我们的书中可知，有关生成学习的研究对改善学生的学习有很好的启示作用。然而，直到现在，关于生成学习的讨论在很大程度上仍仅限于研究实验室和技术手册。《生成学习策略》（*Generative Learning in Action*）一书将我们的工作向前推进了重要的一步，为教师提供了一个简明的、实用的指南，指导大家将生成学习的策略应用到实际的课堂情境中。《生成学习策略》提供了具体的例子，说明每种生成策略如何在不同的学习情境中发挥作用，同时说明了适用条件。我相信这本书将帮助你发现切实有用的方法，培养学生的意义构建能力，推动在课堂上开展有意义的学习。

当你开始将生成学习付诸行动时，记住这条基本原则可能会对你很有帮助：生成学习的效果取决于学生生成内容的质量，如他们使用善作小结、自我解释、绘制图示等策略的质量。生成学习依赖于产生适当的关系，从而构建一个连贯的、可检验的、有用的模型，以了解事物如何发挥作用，以及如何解决特定领域中的问题，无论牛顿定律、人体循环系统还是莎士比亚的作品都是如此。

归根结底，学习的效果取决于学生想什么，而学生想什么取决于他们已经知道了什么。如果学生没有足够的背景知识和得到教学指导，他们就无法从课堂学习中构建意义，这样上课实际上就是缘木求鱼。这意味着，作为教师，我们必须不断地关注学生知道了什么。幸运的是，生成学习不仅是有效的学习策略，也是了解学生学习质量的优秀评估工具。例如，通过分析学生绘制的图示，教师可以更好地发现共性错误，从而指导后续的教学。另外，学生在绘制图示的过程中迟疑难解的神态，也会向教师发出哪些地方“不太对劲”的强烈信号。由此可见，生成学习是教师与学生之间一种动态的、迭代的、通畅的交互活动。

阅读本书也是你自身参与生成学习的绝佳机会。读者应该思考以下几个问题：生成学习和你自己对教与学的理解有什么关系？这些策略与你目前的教学实践有何相似或不同？你的学生对生成学习有何反应？最重要的是，生成学习在实际应用中是什么样子的？

［洛根·费奥雷拉，美国佐治亚大学教育心理学系（应用认知与发展）助理教授，《学习作为一种生成活动：八种促进理解的学习策略》一书的合著者］

导 论

从教到学

对教育领域而言，这是一个激动人心的时代，特别是对于对教育研究感兴趣的教师来说更是如此。“教育研究”运动的倡导者们在世界各地举行会议，出版了一系列关于课程和直接教学等问题的图书。英国特许教学学院（Chartered College of Teaching）的期刊《影响》（*Impact*）在过去几年发表的文章中，有不少来自一线教师，他们谈到如何将教育研究理论应用于课堂。

在众多的教育研究成果中，教师们更倾向于关注学习过程中教的阶段。《罗森海因教学原理之应用》一书提供了一组优秀的指南，指导教师如何确保他们所提供的信息能够增加学生的学习机会。同样，依据认知负荷理论（Cognitive Load Theory, CLT）的建议，教师可以了解该如何规划教学，以最有效地调控学习任务的认知负荷，从而避免有限的工作记忆超载。

需要注意的是，生成学习不是从教师的角度，而是从学生的角度来考虑学习过程。生成学习所要设问的是：学生应该如何处理所得到的教学内容，以确保自己能够真正理解它们，并能够在新的情境中运用所学的知识和能力？我们可以把生成学习看作罗森海因理论的另一个侧面。

你手里拿着的这本《生成学习策略》是依托于一种新的学习理论，该理论建议学生通过选择信息、组织信息，然后将其整合到自己的原有知识中来理解新学习的内容。本书主要借鉴了费奥雷拉和梅耶的研究工作以及他们在 2015 年出版的《学习作为一种生成活动：八种促进理解的学习策略》一书。（Fiorella et al., 2015）当然，本书写作时我们也借鉴了对费奥雷拉和梅耶产生影响的相关研究成果，以及我们觉得对在课堂上实施生成学习策略很有用的相关理论。

本书主要是从教师的视角来讨论生成学习，以免落入单纯理论思辨的局限。本书将解释费奥雷拉和梅耶主张的八种学习策略，并讨论在实践中如何予以落实。我们会尽可能地厘清如何在不同学科和情境中最有效地实施这些策略，但同时我们也希望，在讨论需要避免的潜在局限时也毫不避讳。

生成学习在教育情境中的地位

为了更好地理解生成学习在课堂上的应用，我们有必要厘清生成学习在教育情境中的地位，这有助于大家认识到如何适应实践中的其他要素。而这种认识将帮助我们有效地实施八种学习策略，并意识到需要避免的潜在局限。

建构主义

生成学习属于广义的建构主义学习模式。建构主义将学习视为发生在每个学生头脑中的事情，由他们带入与主题相关的个人经验和原有知识所塑造。例如，如果我得到有关达纳吉尔凹地（Danakil Depression）的盐地和浅海蒸发留下矿物质的方式的信息，我会将它同已经掌握的关于该地区板块构造运动和断裂发生的知识联系起来，并根据这些知识来看待新信息。而有些人可能已经知道一些关于食盐对北非贸易影响的知识，所以会结合与之相关的术语来阅读新信息。我们都会从同样的材料中学得不同的东西，这表明学习是一件高度个性化的事情。

然而，正如理查德·福克斯（Richard Fox）指出的那样，这只不过是常识而已，他警告说，建构主义关于学习的主张可能既模糊又会使人误解（Fox, 2001）：

这种模糊的想法本身就有误导性，也是不完整的，也许是牵强附会的说法，彼此之间又难以兼容。此外，随着这些主张变得更加大胆激进和与众不同，它们也会面临崩溃的风险，要么陷入难以置信的哲学立场，要么在经验上过于狭隘，在学习的不同方

面和类型上顾此失彼。（Fox, 2001）[24]

那么，根据上面的例子，我们是否应该假设"达纳吉尔凹地"没有可以传授的客观知识呢？我们是否应该认为任何知识都是主观的，只对掌握它的人是真实的呢？这些都是一些激进的建构主义者所提出的"大胆而独特"却"难以置信的哲学立场"。（Von Glasersfeld, 1993）

福克斯对建构主义的批评尤其突出了生成学习的潜在缺陷。作为教师我们应该意识到：学习是一个积极的过程，这是生成学习的关键原则之一，学生需要摆脱被动围绕着学习材料的局面，积极努力地参与到学习中。在"促进生成学习的八种方法"的介绍中，费奥雷拉和梅耶引用威特洛克的话说，大脑不是信息的被动接收者（Wittrock, 1989）；相反，它积极地构建自己对信息的解释，并据此做出推论。（Fiorella et al., 2016）然而，正如福克斯指出的那样，人的大脑实际上可以两者兼顾。它完全有能力被动地接收信息并对其做出反应，比如瞳孔暴露在明亮的阳光下会缩小，或者我们的行为可能会因某种负反馈而改变，而自己却从未意识到这一点。他解释说："我们的感知能力、学习能力、说话能力、推理能力都是基于进化后的人类神经系统的先天能力。"（Fox, 2001）[26]

所有这些都意味着我们应该意识到，尽管学生可以通过费奥雷拉和梅耶所讨论的建设性和互动性方法进行学习，但我们认为他们只能通过这些方法进行学习的观点是错误的。

当我们想到建构意义时，我们通常指的是建构图式。这个术语与大脑如何在长时记忆中存储信息有关。认知科学和心理学都使用建构图式的说法，其中最著名的当属皮亚杰（Piaget）对认知功能是如何在内部结构中对信息进行分类和组织的研究。（Piaget, 1926）这一理论由弗雷德里克·巴特利特（Frederick Bartlett）进一步发展（Bartlett, 1932），他将心理学中的图式和记忆联系起来，认为这涉及对过去的反应或经历的积极组织（见图 0–1）。（An, 2003）后来，安德森（Anderson）将图式理论与教育心理学结合了起来，特别关注其中与阅读有关的方面。他认为，“每一个理解行为都包含着对世界的认识”。（An, 2003）这句话对于我们如何确保学生拥有获取新信息所需的原有知识，具有重要的启示。

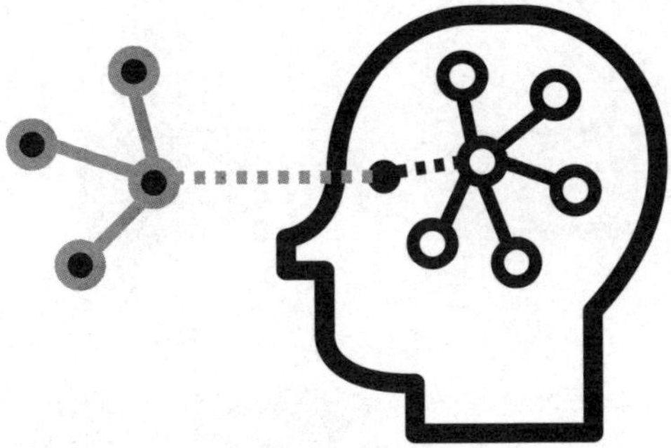

图 0–1　图式理论（Schema Theory）

图式（schema，是指概念的单一集合；复数为 schemata/schemas）是围绕相互关联的观念建立的信息网络。我们有各种各样的图式，其中包括“社会交往图式”（它告诉我们如何在特定的社会情境中表现，例如，如何与朋友互动）、“事件图式”（例如，如何在职业中互动）和“个人图式”（这些图式包含了关于我们自己、我们的行为和能力的某些信息）等。在教育情境中，最重要的是拥有“学习图式”（academic schemata），我们可以用其对所学习的主题和学科的信息进行组织和分类。

图式不是一个静态的信息存储器，它会定期添加和重组信息，以便吸收新的知识和发展新的知识应用。图式也不只是一个可以在里面注入更多信息的不断装满水的桶，它会持续参与原有知识与我们接收、选择和组织的新信息之间的交互，然后再将其整合到长时记忆中，从而形成 SOI 生成学习模式（见图 0–2）。

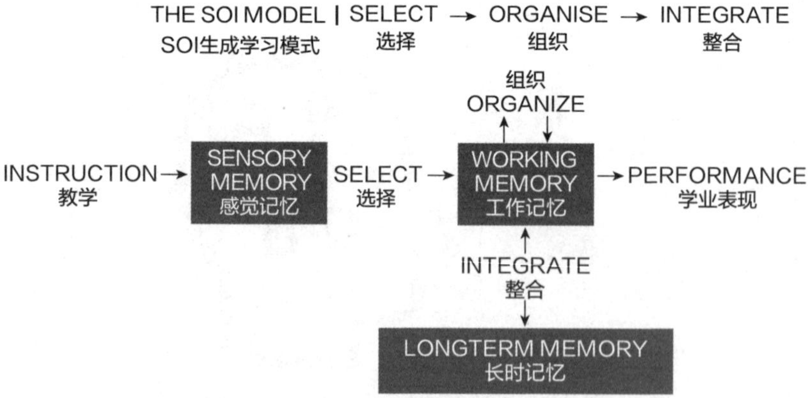

图 0–2　SOI 生成学习模式（选择—组织—整合）

当我们收到关于一个话题的新信息时，我们会利用原有知识来与之建立联系并创造意义。去语境化或看似随机的信息很难处理，因此激活原有知识、突出联系或提供学生可以放置这些信息的“大图景”（big picture）将有助于图式的发展。例如，我只是跟你说“达纳吉尔凹地”，接着就走开了，你就不太可能记得这个术语，因为这对你来说毫无意义，也许你会错误地将其归类为“精神疾病”（将“Depression”误解为“抑郁症”）。然而，如果你现在知道它是由板块构造运动形成的地貌特征，在东非被发现，与盐的生产有关，那么，“达纳吉尔凹地”这个信息现在就有了情境，可以被同化到图式中。

还需要注意的是，图式可能（而且经常）包含不准确的信息，甚至错误的知识。下面这些都是我们注意到的学生想要坚持的错误观念。例如，那些坚持二月（February）只有一个“r”的人，或者那些声称赤道上最热的人（因为那里离太阳最近）。这些图式需要被质疑和分解，以便使其围绕正确的信息进行重建。图式中的某些错误概念可能形成了某些学生早期学习经验的基础，这会影响正确图式的进一步发展。例如音位意识问题，如果对其中的一些内容理解不正确，阅读和写作都会受到负面影响。回到上面的例子，如果你认为东非没有板块构造过程或没有自然资源，那么你的图式将不得不改变以容纳矛盾的信息。通过这种方式，我们生成了学习。

生成学习不仅是建构主义学习传统的一部分，更具体地说，它也属于认知建构主义传统，因为它关注心智运作的模式，以帮助解释学习过程。它十分看重的一个模式是梅耶的 SOI 生成学习模式（见图 0–2）。这个模式表明，大脑的学习经历了三个过程：

选择——大脑必须决定将注意力集中在感知到的信息的哪一部分。

组织——大脑必须将这些信息置于某种情境中，以便考虑如何理解它。

整合——输入的信息与学生原有的知识相联系，并被同化到图式中，或者改变图式，以顺应与原有知识相矛盾的内容。（Mayer, 2014）

当信息以这种方式组合在一起时，大脑就生成了学习。费奥雷拉和梅耶将这种学习形式描述为“一个理解的过程”（a process of making sense）。在这个过程中，你试图积极选择相关的信息片段，在心理上予以组织，并将其与你已经掌握的其他知识相结合，以此来理解所呈现的内容。

认知负荷理论

SOI 模式使用了与认知负荷理论（见图 0–3）相同的多存储记忆模型。该模型表明，大脑不断地受到信息的冲击，而这些信息在我们的感觉记忆中只保留了几分之一秒。我们的注意力会注意到其中一些信息，然后这些信息就会保存在工作记忆中。比如，我现在坐的地方可以看到成堆的书和纸、各种各样的笔和图片；我能听到远处有只狗在叫，屋子里还有收音机的声音；我还能闻到早餐时微微烧焦的烤面包味和书桌旁未点燃的香薰蜡烛的味道。所有这些信息都会被我捕捉到，不管我是否意识到它们，所有这些信息都会击中我的感官。但只有通过对其中一些信息有意地予以注意，我才会意识到这部分信息，而其余绝大部分传入感官的信息都被我们在不知不觉中丢弃了。

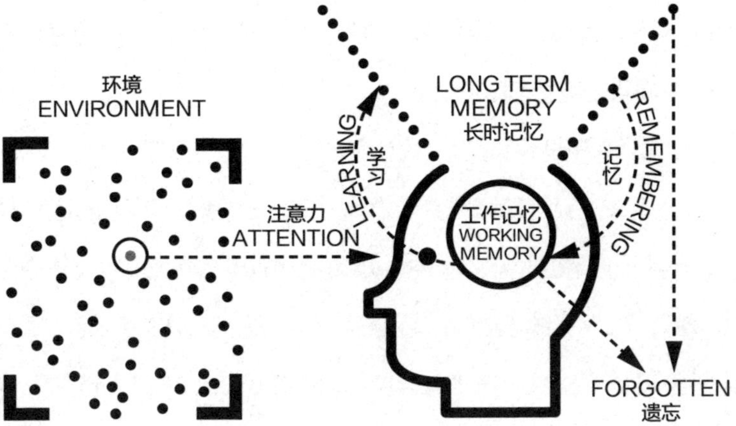

图 0-3　认知负荷理论

一旦信息进入了我们的工作记忆，我们就可以进入思考状态了。工作记忆的容量非常有限，一次只能记住几条信息，而且必须不断地重复这些信息以避免忘记（想想你是如何在拼命找笔的时候对自己重复一个电话号码的。如果在你这样做的同时，其他信息进入了你的工作记忆，这个号码就很可能会被遗忘）。生成学习发生在工作记忆中，在这里人们可以思考和处理新的信息，并与原有知识产生联系。

工作记忆与我们的长时记忆有关。长时记忆的存储是无限的，它包含了我们关于任何给定话题的图式，以及我们相互联系的知识网络。长时记忆的运转模式允许我们在不干扰有限的工作记忆的情况下做事，因为它们已经自动化了。每当我们从长时记忆中提取一些信息时，再次回忆这些信息的能力就会变得更强。生成学习的目标是将事物强化编码到长时记忆中，并使它们在未来很容易被回忆起来。

认知负荷理论认为，我们所做的任何任务都会对自己的工作记忆造成"认知负荷"。如果认知负荷过大，工作记忆不堪重负，我们将无法学习。这种认知负荷有两个来源：第一是内部认知负荷，即任务本身的复杂程度；第二是外部认知负荷，即环境或任务设计方式中的一切其他因素。（Sweller, 1988）例如，在要求学生计算 354 × 7 时，学生本身会有内部认知负荷，但如果我们加上分散注意力的枪声或要求他们用一种从未遇到过的新方法来做运算，认知负荷就会更大。

我们应该在规划生成学习策略时结合认知负荷理论，我们应确保学生在接收传入的感觉信息时能够将注意力集中到有助于他们学习的信息上。另外，我们还要确保活动本身不要太复杂，避免认知负荷超载的风险。

学生的自我效能感和自主性

生成学习策略的主要目标之一是通过学习过程发展学生的元认知技能，然后促使学生通过自我调节和自我效能感来成为自主的学习者，这是许多教育者的最终目标。费奥雷拉和梅耶将元认知和动机称为“Mighty Ms”（Fiorella et al., 2015）[10]，元认知策略贯穿于他们研究的生成学习策略中。

用最简单的定义来说，元认知就是思考我们是如何学习的。最成功的学生能够反思自己的学习过程，考虑可用的策略来解决不同的问题，选择最合适的策略来完成手头的任务，同时意识到自己在学习中的优势和差距。这些有助于学生在学习方面有更大的自主权，因为决策过程不仅与学生可以使用的策略有关，而且还与他们需要重新学习以弥补知识和理解上的差距的内容有关。有些学生能够做出自我调控，或者正如齐默尔曼（Zimmerman）等在《自我调节和学习表现手册》（*Handbook of Self-Regulation and Learning Performance*）一书中所描述的，有自我调节能力的学生能够“自己激活和维持那些系统的、以学习目标实现为导向的认知、情感和行为，有动力推动自己的学习，因此能够以一种更自主的方式参与学习活动”（Zimmerman et al., 2011）[1]。当回顾过去的学习经验和成功经历时，他们有自我效能感，知道自己有能力解决新的、复杂的问题。拥有良好自我效能感的学生在学习中也更有动力，会朝着个人目标努力，并使用一系列有效的策略来实现目标。

每一种生成学习策略都旨在教给学生一些本领，使他们能够设定好目标，积极地参与学习，并反思自己已经学过和没有学过的内容。

生成学习的研究起源

如果我们一起学习上面所讨论的各种理论和模型，可以看到，生成学习是基于这样一个理念——要想学习发生，学生必须参与许多生成认知过程，然后把所学知识迁移为解决新问题的能力。费奥雷拉和梅耶在专著中使用的“学习”定义，是根据上面讨论的“SOI 生成学习模式”来做出解释的。SOI 生成学习模式明确表明，人是“寻求意义和秩序的物种”（Myatt, 2018）[23]，当我们与周围的世界互动时，我们在不断地将信息整理进现有的理解中，以创造新的意义和理解。

生成学习还与对可迁移的知识和技能的研究有关，如佩莱格里诺（Pellegrino）和希尔顿（Hilton）在2012年所讨论的（Pellegrino et al., 2012），以及使用各种基于计算机的平台使自主学习者得以发展的方法。它的研究起源可以进一步追溯到皮亚杰（Piaget, 1926）和巴特利特（Bartlett, 1932）的工作，后者提出了学习作为“一种建构行为”的观点，在这种行为中，新的信息被吸收到现有的图式中。这种理论认为学习是建立在大脑架构之上的，在这个架构中，记忆和理解得以构建，甚至更重要的是得以重建，这也是生成学习理论的要点。

同巴特利特一样，皮亚杰对图式的研究也集中在这样一个观点上：学习以及相关的认知过程不仅仅是记忆行为［卡顿（Katona）在1940年（Katona, 1940）和韦特海默（Wertheimer）在1959年（Wertheimer, 1959）扩展了这一研究］，更重要的是如何选择、组织、核对并最终将这些信息整合到新的图式中。

然而，直到20世纪70年代，在威特洛克的大量工作中，生成学习的概念才得到发展。威特洛克探索了现有知识之间的关系，并得出结论，“人们倾向于产生与原有知识一致的意义”，并且通过正确的活动，我们会在新知识和原有知识之间产生强大的联系。对于教育者和学生来说，这是一个强有力的概念，因为他们正在寻找嵌入信息和知识的方法。正如约翰·哈蒂（John

Hattie）和格雷戈里·耶茨（Gregory Yates）在《可见的学习和我们如何学习的科学》（*Visible Learning and the Science of How We Learn*）一书中提醒我们的那样，“与现有知识不相关的新信息很快就会消失”（Hattie et al., 2014）。

这些支持生成学习的观点随后引导费奥雷拉和梅耶开展了一系列活动并总结出相应的策略，他们认为，这些策略鼓励学生从学习材料中选择信息，然后将这些信息组织起来，并将其与自己之前对该主题的知识一起整合到图式中。以下八条是他们发现的在生成学习方面最有效的策略，但也还有其他策略可以归入：

1. 善作小结策略（Summarising）；
2. 结构映射策略（Mapping）；
3. 绘制图示策略（Drawing）；
4. 联想要义策略（Imagining）；
5. 自我检查策略（Self-testing）；
6. 自我解释策略（Self-explaining）；
7. 乐于教人策略（Teaching）；
8. 具身体验策略（Enacting）。

费奥雷拉和梅耶查阅了针对每一项策略所进行的研究，并确定了各自的效应量、在课堂上的应用潜力以及适用条件。本书将以他们的工作为基础，从课堂教师将其付诸行动的角度来看待这些策略。[①]

研究基数和效应量

下表与费奥雷拉和梅耶引用的研究相关，显示了满足关键条件的有效测试的数量，以及这些测试中有多少具有正效应量（与没有使用该策略相比较）。值得注意的是，有些策略的研究基数要比其他策略高得多，这一点我们将在接下来的章节中进行探讨（所有使用到的研究的完整列表，请参阅原文）。

策略	正效应 / 研究基数	效应量
1. 善作小结	26/30	0.50
2. 结构映射	23/25	0.62
3. 绘制图示	25/28	0.40
4. 联想要义	16/22	0.65
5. 自我检查	44/47	0.62
6. 自我解释	44/54	0.61
7. 乐于教人	17/19	0.77
8. 具身体验	36/44	0.51

① 有关费奥雷拉和梅耶对生成学习及其八种学习策略研究的更多介绍，请参阅以下文献：
费奥雷拉，梅耶. 学习是一种生成活动 [J]. 陆琦，盛群力，编译. 数字教育，2016（2）：85–92.
费奥雷拉，梅耶. 八种生成学习策略 [J]. 陆琦，盛群力，编译. 数字教育，2016（3）：86–92.
——译者注

第一章

善作小结策略

善作小结（SUMMARISING）	效应量：0.50

定义　用自己的话复述课程的主要内容。

研究　在 30 项研究中有 26 项是有正效应的。

适用条件　直接教授总结技能时最有效。当课程内容包含复杂的空间关系时（如物理课程），效果较差。

什么是善作小结策略？

在你开始阅读这一章之前，请花几分钟来回顾一下到目前为止你对生成学习的了解。你可以写一个简短的总结，也可以口头总结。现在思考一下：

◇ 为了能够做总结，你经历了什么过程？

◇ 你选择了什么信息？

◇ 你是如何决定总结应该先写什么的？

◇ 你重新组织材料了吗？

当我们复述故事、思考之前的对话或反思我们昨天做了什么时，总结是一个我们一直在使用的方法。我们不会重温每一个细节，而是会删减内容、选择重点，以便提炼出精髓。

生成学习中的总结就是使用与之相同的流程，要求学生在学习过程的不同时间节点整理和重新组织所学的要点。这可能意味着在学习进程的最后生成一份较长的总结，或者为了支持理解而穿插做总结。总结可以是口头的，也可以是书面的，两者各有好处，也都有局限。

当学习不依赖于空间关系复杂的材料时，使用总结是最有效的。例如，一本科学教科书中的图表，往往浓缩或整合了书中的观点。

为什么要运用善作小结策略？

当要求学生总结时，我们是在要求他们再次参与生成学习中的“选择”、“组织”和“整合”的认知过程。

总的来说，威特洛克认为（Wittrock, 1974; Wittrock, 1989），总结是一种有效的生成方法，因为它促使学生使用生成策略（Fiorella et al., 2015）[24]。这种活动意味着他们必须提取关键信息，在新材料中建立连接和关联，然后与已经存储在现有图式中的材料进行联系。威特洛克得出的结论是：总结将带来深度学习。

此外，使用单句总结，即学生在阅读每个段落后以书面或口头形式做出总结，对阅读能力较低的学生来说非常有帮助，对阅读能力较高的学生来说也很重要。这表明，总结较短学习片段的过程可以提升学生选择关键信息的能力。

总结已经被证明可以促进学习和记忆，因为它要求学生同时关注材料的深层意义和要点。布雷茨因（Bretzing）和库尔阿维（Kulhavy）（Dunlosky et al., 2013）[11] 以及克蕾克（Craik）和洛克哈特（Lockhart）的研究都表明，总结在帮助理解上有很多好处。

此外，佩珀（Peper）和迈耶（Meyer）还研究了笔记、总结和学习结果之间的关系。他们发现：做笔记并且在笔记结尾配上总结的学生在解决问题的评估中比只做笔记的学生表现好

10%—15%，在记忆方面比不做总结的学生表现好 13%—17%。（Busch et al., 2019）[69]

怎样在课堂中运用善作小结策略?

总结一直是英语课堂上的重要方法。事实上，它是英语“普通中等教育证书”（General Certificate of Secondary Education, GCSE）考核目标的关键组成部分之一，学生需要证明自己能够从文本中选择信息并对其进行综合，有关题目通常以总结问题的形式出现。

在英语教学中，我（佐伊·恩舍）（本小节下同）经常要求学生从阅读的文章中总结要点，并将总结限制在 30 个单词以内（有时还会减少到 10 个单词以内），以确保他们能记住要点。然后通过分享和讨论让学生思考自己选择了哪些元素，可能忽略了哪些元素，以及总结的内容是否清晰表征了所读的文章片段。这是我鼓励学生发展元认知策略的一种方式，让他们反思自己的学习，并思考如何以总结的形式呈现。我还在某些总结活动中采用闭卷的方式，确保他们更加关注原始的学习材料，让他们有机会在总结中把不同的信息联系起来，例如总结两首诗中关于性别的观点。

我经常使用较短的单句（甚至单词）来总结以支持对复杂或较长文本的理解，并鼓励学生在页边空白处写下自己的段落总结，通过找出或创建主题句的方式来帮助理解。这样做可以让我快速检查学生是否理解了文章的主旨，也可以避免学生发生错误的学习。同样，这样做可以让学生反思自己的学习，循序渐进地探索文本，并展示他们是如何逐步加深对文本的整体理解的。

使用“康奈尔笔记”是另一种有效的方法，它可以结合本书中讨论的不同生成学习策略：如善作小结、结构映射、绘制图示和自我检查等。康奈尔笔记是一种有效的策略，适用于所有学科的讲座、视频和对教科书的学习。

康奈尔笔记的使用步骤就是，学生用一页纸记录课堂学习或自行学习的内容，在页边空白处记录问题或要点，并在页底写下总结。

当学生在做笔记时，可以使用表格、映射和图示等形式，以及相关的关键词和短语。在总结的过程中，不断选择和组织信息并从先前的学习中整合信息，利用原有知识，加强和建构现有的图式。（在本章的案例研究中有更多关于使用康奈尔笔记的细节。）

在不同的学科中运用善作小结策略

◇ 在历史课上，当阅读较长的文本时，可以引导学生逐行或逐段总结。

◇ 在科学课上，当观看解释原理的视频片段后，可以引导学生选择关键信息形成一个总结。可以通过口头或书面方式完成总结。

◇ 在体育课上，在观看了教师的示范后，可以让学生向全班总结要点。

善作小结策略的案例研究

亚当·理查斯（Adam Riches）是一名校长助理，英语部主管，《教你变聪明》（*Teach Smarter*）一书的作者。在本案例研究中，他解释了自己是如何现身说法教学生使用一种有用的总结策略的。

“康奈尔笔记”对我来说并不是什么新鲜事。我第一次接触它是在大学里，当时我和我的美国老师正在讨论计算机语言学。当我正为如何从老师讲课中挑选出关键信息伤脑筋时，他向我展示了如何将笔记压缩成一个更简洁、更规范的复习工具。当然，当时我并没有从教学的角度去思考其对学习的好处，过了一段时间我才从学术的角度重新审视了这种方法。

很明显，教育中的很多东西都被认为是理所当然的，特别是当你在学校接手别人的班级时。一个常见的假设是，学生之所以知道如何记笔记，主要是因为他们（大多数人）在上课时会自动记笔记。通常情况下，他们知道如何遵循教师的教学指导和投入到对板书的学习中，但当你深入研究时，你会发现他们并不知道如何记笔记，因为他们从来没有受过专门的指导。因此，当学生在没有教师指导和板书要求的情况下独立复习时，他们就会理所当然地想到要一字不漏地做笔记，就像我在大学读书时一样。笔记中可能会有一些标题句和重点标记，但大多数情况下，笔记看起来是非常笼统的。这使得这些用词语编码的信息很难被理解，也意味着学生记笔记的过程非常被动。

为了避免这一问题，学生十年级时，我就开始教他们使用康奈尔笔记。通过向学生介绍一种新的、更有结构化的记笔记的方法，我不仅培养了学生对文本分析和内容解码的信心，还培养了他们的自我效能感。这使学生能够更加高效和有价值地独立学习，最重要的是，学生可以从网上的大量信息中获得更丰富的学习成果。

依照康奈尔笔记的页面分割方法进行分区，每一页有一个列标题的位置，然后将页面中部分成两栏，一栏用来讨论重点/要点，一栏是注释。在页面的底部，设置一个总结框。虽然我教学生采用康奈尔笔记，但我并不经常鼓励学生大量地记笔记。

在让学生使用康奈尔笔记时，实际上我会先帮助学生填写重点/要点那一栏，从而给他们做示范并为他们掌握这种方法提供支持。当学生逐渐能做到不需要这种支持时，我就会让他们自己来尝试完成。右边的一栏可以（也应该）记录学生想要记录的任何注释——单词、图片、表格、思维导图——完全由他们自己决定。我总是不轻易发表意见，这使学生能够思考如何做到要言不烦、一语中的。

总结框对我来说是最重要的，我强调要以正确的方式把这里做到最好。这是检查理解的地方，教师可以很快发现学生的错误。快速浏览 30 个总结框或循环检查学生正在完成的总结框，可以帮助教师迅速找出学生的错误。此外，一份写得好的总结可以作为一个概念或主题的极好的复习工具，这只需要很低的认知负荷。

这种在美国大学里常用的笔记方法对参加 GCSE 考试的学生真的有效吗？是的，学生不仅以不同的方式学习，而且显著提高了学习效率。高效率意味着能节约更多的时间，节约更多的时间意味着可以进行更多的学习。

康奈尔笔记方法对学习任何资源都很有用，但遗憾的是，在中学教育阶段学生很少被教这种方法（尽管有时这种方法会被许多人采用，而且非常有效）。当学生使用视频资源时，利用康奈尔笔记来记录，效果很好。这种方法为看不见和听不到的刺激增加了清晰度和逻辑性，比用传统笔记方法更有效。

康奈尔笔记确实管用。这种方法教起来又快又简单，并且使学生学习也变得更容易。

运用善作小结策略的潜在局限

使用善作小结作为学习策略时，通过直接教学给予学生指导的效果最好，包括选择重点、剔除无关材料、选择和生成主题句等。因此，如果没有明确的指导，学生，特别是那些年龄较小或读写能力欠佳的学生，可能会在善作小结方面遇到困难。学生如果不能忽略无关信息或只是机械复述，将无法参与认知过程中有价值的选择和组织过程，难以通过整合和编码让信息进入长时记忆。脱离笔记或原始学习材料既可以避免单纯的死记硬背，又可以利用“检索”来重拾重点（将在第五章“自我检查策略”中讨论）。这种检索本身也可以被视为一种有效的学习策略。

因此，在善作小结策略上需要投入的时间成本可能会超过潜在的收益。在一项研究中，教师先接受了 90 分钟的关于如何教学生做总结的培训，再完成了 5 个 50 分钟的直接教学善作小结策略的课程。研究结果显示，接受这种教学的学生比没有接受这种教学的学生表现得更好，但所需要的投入程度可能使这种方法在某些情况下变得不切实际。（Dunlosky, 2013）邓罗斯基（Dunlosky）等人认为，与其他学习策略相比，善作小结的时间成本导致其实用性较低。（Dunlosky et al., 2013）[15]

针对长篇内容，偶尔使用该策略比经常使用更有效，因为做长篇总结时，学生可能会付出更多的努力。只是简单地要求学生时时刻刻地总结学习材料，则可能会限制这一学习策略的效果，因为学生可能不再有动力去努力思考原始的学习材料。

自我尝试练习一番

利用下面的空白框总结你在本章中学到的要点。请仔细思考你想要涵盖（选择）的关键点，你想要呈现它们的顺序（组织），以及它们如何与生成学习的理念相联系（整合）。

推荐阅读文献

DUNLOSKY J, 2013. Strengthening the student toolbox: Study strategies to boost learning[J]. American Educator, 37(3): 12–21.

ALLISON S, 2018. Supporting retrieval practice with Cornell note taking[EB/OL]. [2019-11-24]. https://classteaching.wordpress.com/2018/09/24/supporting-retrieval-practice-with-cornell-note-taking/.

第二章

结构映射策略

结构映射（MAPPING）	效应量：0.62

定义 将课程文本转换成一个由关键词连接起来的空间排列。

研究 在 25 项研究中有 23 项是有正效应的。

适用条件 最适合知识水平低或年龄小的初学者。

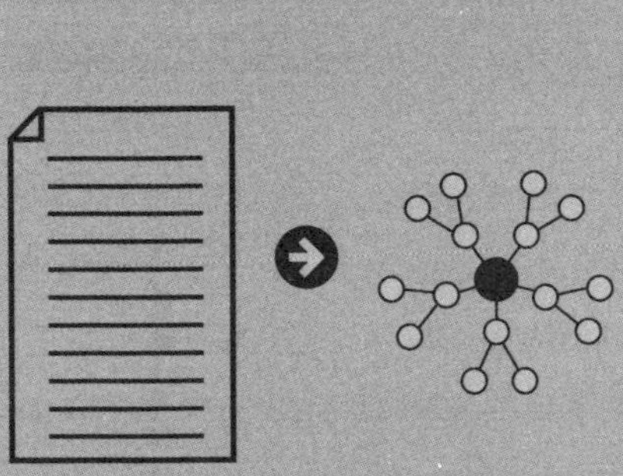

什么是结构映射策略?

结构映射作为一种生成活动，指的是学生用一些不同的表达方式来表征文本（无论是书面的还是口头的）的技巧，即对词语采用空间组织方式，以线条连接来显示彼此之间的关系。这些方式有时被笼统地称为“思维导图”（mind maps），但思考其不同应用类型的差异有助于我们真正体验到这种策略在课堂上的魅力。

◇ 概念地图（concept map）是一种联网图，图中用词语代表关键概念，并用线条将这些词语连接起来以显示它们之间的联系。这些线条通常带有注释，用以描述词语间的具体关系。

◇ 知识地图（knowledge map）是概念地图的一种比较特殊的形式，其中的连接仅限于预先确定的类型（例如，“这导致……”，“这是……的一部分”，“这是以……为特征的”）。

◇ 图形组织者（graphic organisers）则更加特殊，它是一个对信息进行更严密分类的结构。这可能包括比较和对比的矩阵、因果流程图、分类结构图等。

为什么要运用结构映射策略?

概念地图可以为学生提供许多重要的支持，其中之一就是帮助学生将看似分散的信息组织成更有逻辑的形式。约翰·哈蒂解释说："大脑不能很好地与非结构化数据相联系……，我们需要从自己所学的一切事物中找到组织、结构和意义。"（Hattie et al., 2014）[115] 我们找到这种组织、结构和意义的方式是通过构建关于某个主题的图式。例如，当我们看到一只小猎狗时，我们会把它看作狗的一种，进而我们知道它是哺乳动物，因此也是动物。类似的每一件事都可能告诉我们：基于自己对这些类别的先验知识和感受，我们应该如何应对眼前的这种生物。因此，结构映射让我们能够做的是，创建某个主题新形成的图式的视觉表征。

创建概念地图促使学生选择自己认为相关的信息，这使他们积极调动所拥有的信息，并开展深入思考。除了努力思考做出信息选择外，他们还必须努力将这些信息放在概念地图上的恰当位置。他们需要考虑地图上的一条信息如何关联到另一条信息，或者该信息在层次结构中的定位。这样的做法反映了图式的组织方式，即通常将信息分类为一个层次结构，如"小猎狗→狗→犬科→哺乳动物→动物"。

概念地图还能帮助学生把将要学习的新信息与他们已经知道

的知识结合起来，这就为新信息创建了一个“挂钩”（hook），使其在图式中的位置显示出来，并可以利用“测试效应”来检索之前学过的信息（见第五章）。例如，学生可以创建一个概念地图来展示维多利亚时期英格兰霍乱传播的各种原因，并使用关于该时代的原有知识来展示这些原因之间的关系（如快速城市化和公共卫生不善之间的联系）。

怎样在课堂中运用结构映射策略？

结构映射作为一种生成活动，可以在课堂上以多种方式来使用。最简单的方法是，要求学生阅读一篇正在学习的主题的文章，并将其转化为概念地图。例如，在地理课上，学生可能会阅读有关台风“海燕”的报道，然后创建一个概念地图，显示其原因、影响和对策。他们可能会将影响进一步分类为经济影响、社会影响和环境影响，并将对策分为短期对策和长期对策。在这个过程中，他们可能需要教师指导来决定如何对这些信息进行分类，因为每个学科都有自己组织知识的方式。

当学生完成概念地图时，他们可以用线条来连接不同类别的信息以显示它们的关系。对于台风“海燕”的概念地图，他们可能会考虑沿海公路洪水的经济影响与红树林砍伐的环境影响之间的联系，或者将沿海公路洪水与救灾对策受阻联系起来。然后学生需要对这些连线进行注释，以解释彼此之间的联系。在知识地图中，这些连线将对应特定的函数关系，例如因果关系。在历史课中，学生可以构建知识地图，以显示导致冲突爆发的事件流程。

使用结构映射的一个潜在缺点是，学生可能不得不过多地关注组织信息的策略，而对正在学习的内容本身关注不足。因此，使用这种策略的另一种方法是，给学生提供一个供填充的概念地图或图形组织者，要求学生补全相关信息。他们仍然需要通过“选择”信息和某种程度上的“整合”信息来生成学习，但“组织”架构已经被搭建起来了。举例来说，在科学课上，教师可以让学生采用图形组织者来对比两个不同元素的属性。在这种情况下，学生至少可以得到一些类别进行比较。

还有一种使用结构映射的方法是进一步利用“测试效应”，在学生遇到的新信息和他们要完成的结构映射之间留下一个“缺口”。如果没有这个“缺口”，学生就有可能在不加思考的情况下将信息从文本转换到地图上。如果你使用的是如上所述的预填充地图，这种情况会尤为明显。短暂的时间间隔可以使结构映射策略成为更有效的学习策略，因为学生必须努力思考才能从他们的记忆中选择信息。（Blunt et al., 2014）

无论怎样使用结构映射，关键原理都是相通的：要求学生选择信息并将其组织成一个有逻辑的结构，该结构建立在原有知识之上，并能够将其整合进已有图式。

在不同的学科中运用结构映射策略

◇ 在现代外语课上，可以引导学生绘制常见前缀和后缀的各种使用方式。

◇ 在设计技术课上，可以引导学生把自己设计的提案变成一个概念地图，并使用相同的标题来制订未来的计划。

◇ 在宗教教育课上，可以引导学生使用图形组织者来对比不同信仰在一系列问题上的立场。

结构映射策略的案例研究

克里斯蒂安·摩尔·安德森（Christian Moore Anderson）是巴塞罗那橡树屋学院的生物学老师。在本案例研究中，他解释了教师在要求学生使用结构映射作为生成学习策略前进行示范的重要性。

我想提高学生的“机械推理”（mechanistic reasoning）能力，但生物学有太多复杂的相互作用，学生可能很难把握全局。我决定使用概念地图来帮助学生减少认知负荷。

我创建了一个专用于生物学的概念地图，把地图分成三个部分：生物体、细胞和分子。这对学生很有帮助，因为信息已经组织好了。我保持了概念地图的简洁性，没有太多的实体（可能是6或7个），因为学生还必须考虑实体间的相互关系及影响。

我很快发现，虽然概念地图可以在黑板上临时绘制，但为了获得最好的效果，我应该提前规划好每节课的概念地图。这使得概念地图能够以我希望学生理解的方式明确地呈现信息。

当我第一次使用生物学概念地图的时候，一些学生觉得实体和箭头太多，让他们不知所措。当学生感到迷茫时，概念地图有助于提醒他们从某一点开始，然后沿着地图一步一步地移动，直到能够理解全部内容。我每节课都使用不同的概念地图，添加一些东西，删除一些东西，但总会保持一部分内容不变，以便学生能够联系到以前所学的内容。学生开始习惯使用这些概念地图，并将其作为一种将关系可视化的有效方式。我还将概念地图用于学生的检索练习，例如给他们看一张已经看过但信息缺失的地图。在主题课程结束时，我在学生的作业中看到了真正的教学效果，现在这些映射作业包含了更多的关联信息。

当学生对某一主题有了信心时，我可以让他们自己制作一张概念地图来阐述知识。不过，我发现最好将学生概念地图中的实体限制在较少数量，因为有些学生很喜欢不加反思就写出他们所知道的一切。

运用结构映射策略的潜在局限

与生成学习八种策略中的很多策略一样，有人建议对学生进行培训，让其学习如何有效使用结构映射策略。这样做可能要花费几个小时的额外时间。更复杂的是，使用结构映射的方法有若干种，这些方法可能在不同学科中使用起来有所差异。

可以使用预先填充的概念地图，这样学生就不需要花很多时间来考虑如何建构映射。但是，这样做势必也会减少学生对 SOI 模式中“组织”这一部分的思考。他们可能只会选择要传递的信息，而没有考虑其在更广泛的心理模式中的作用。

自我尝试练习一番

将结构映射策略中的信息组织成一个概念地图。请首先花点时间考虑你希望选择的信息，然后考虑你会如何加以组织，最后考虑你是否能将它与你所掌握的先验知识相结合。

推荐阅读文献

KINCHIN I M, 2016. Visualising powerful knowledge to develop the expert student[M]. Rotterdam: Sense Publishing.

WEINSTEIN Y, SUMERACKI M, 2019. Tips for students[M]// Understanding how we learn. Abingdon: Routledge.

第三章

绘制图示策略

绘制图示（DRAWING）	效应量：0.40

定义　绘制一幅图来说明上课的内容。

研究　在 28 项研究中有 26 项是有正效应的。

适用条件　当直接教授学生绘制图示的技能，并通过提供已经部分绘制好的图示来减轻学生的认知负荷时最有效。

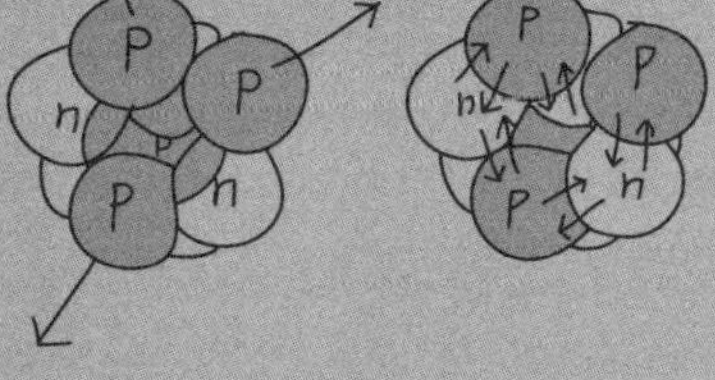

什么是绘制图示策略?

如果有人给你一个复杂的程序指令，让你必须执行，你将如何确保你掌握了指令的所有步骤？你可能会画一组图示。这样，你就可以通过绘制图示来完成这一指令。

绘制图示策略要求学生画一幅图来表征自己想要学习的内容，它可能包括绘制复杂的过程图，如分馏实验示意图；或绘制结构图，如植物细胞结构图。梅耶认为绘制图示的作用大致有：

◇ 装饰作用，图示让页面看起来更生动形象。

◇ 表征作用，图示展示了课上的一个元素，例如一幅用于说明中世纪防御组织形式的丛林和城墙的图片。

◇ 组织作用，图示与结构映射结合使用来展示系统各部分之间的关系（见第二章），比如说明不同角色在小说情节中的作用。

◇ 解释作用，图示展示了对一个系统中的一部分进行操作如何导致另一部分的变化。例如，用一张食物网图显示移除一种顶端捕食者的影响。（Mayer, 1993）

并非所有这些类型的图示都是生成活动，比如装饰作用和表征作用的图示同生成学习模式所要求的选择、组织和整合的关系就不大。

为什么要运用绘制图示策略?

费奥雷拉和梅耶提供了大量的证据证明，对实验组加以干预，要求学生将文本转化为某种形式的图示，其学习效果比对照组好。许多这样的研究按照和前两章善作小结策略和结构映射策略相似的做法，要求学生先阅读文本，然后画一个图示，以此来总结其阅读过程，或将信息转化为一个图形组织者（结构映射的一种具体形式）。

与所有这些策略一样，绘制图示的学习基础也是那三个认知过程：选择、组织和整合。

◇ 当要求学生将一个过程、情节或系统的描述转化为图示时，他们首先要考虑从自己所读的内容中“选择”相关信息。

◇ 在选择了信息之后，学生需要再次仔细考虑其“组织”方式，以便能够通过视觉的方式加以表征。

◇ 在最后一步“整合”中，学生要考虑信息的不同组成部分之间的关系，以反映一个元素如何影响另一个元素，也要考虑如何展示这些信息与新学习材料之外的原有知识之间的联系。

相比于其他学习策略，比如善作小结策略和结构映射策略，绘制图示策略的一个好处是，学生不会在不参与学习的情况下简单地将信息从一个地方迁移到另一个地方。原始信息是文本或口语形式，需要被转化成视觉形式。要做到这一点，学生就不能回避参与学习。这种从文本和口语媒介到视觉媒介的转变也利用了双重编码。

双重编码理论认为，人们可以通过两种不同的通道来处理信息：听觉通道（包括语音和文本，被大脑作为听觉信息予以处理）和视觉通道。（Pavio, 1986）通过结合文本和相关图像，我们可以避免任何一个通道超载，并通过两个信息源来学习。绘制图示作为一种生成活动，通常包括绘制带有注释的图，将文本与图像相结合，使材料更易于学习。（Mayer et al., 1991）

怎样在课堂中运用绘制图示策略？

这在具体的课堂教学中是一个简单易行的策略。教师可以向学生提供一个过程的文本或口语描述，并要求他们将其转化为图示。例如，描述地理结构板块在离散边界上的运动过程。这种做法属于生成学习方法，因为学生不是简单地画一幅图，他们还必须考虑这一过程中不同部分相互作用的方式。比如，在上述地理结构板块运动的例子中，学生需要表示出当冷却的地壳被拉到大陆板块之下时，地幔柱是如何导致海脊推动和俯冲的。

对绘制图示的误用，可能无法实现生成学习。例如，阅读《蝇王》（*Lord of the Flies*）中对岛屿的描述并试图绘制地图，很难让学生对文本有更深入的理解（尽管这可能有助于学生更好地了解该岛屿的细节，如果这一点被认为是重要的话）。但是，如果是描绘拉尔夫或杰克在岛上的活动，并展示作者是如何利用它们来推动情节发展的，那这种做法就是生成性的，因为学生现在需要寻找一些模式和关联来对材料进行空间组织。

与课堂教学有关的一个考虑是，在绘制图示的活动中，我们应该将学生的注意力引向哪里。如果“记忆是思想的痕迹”，那么我们需要确保学生是在思考手头的信息，而不是专注于绘制图示的过程。（Willingham, 2009）学生很容易被绘制图示过程中的暂时性因素分散注意力，比如使用的彩色铅笔或线条的准确性。此外，如果学生不得不专注于冗长乏味的绘制过程，那么绘制行为就会给学习过程增加外部认知负荷。（Fiorella et al., 2016）[724]。基于这个原因，教师应该在要求学生绘制图示时给学生提供草图，这样可以让学生专心“选择”和“组织”相关信息，而不是将精力集中于绘图。

与其他学习策略一样，学生也有可能绘制出不正确的图示。故而可在任务完成后呈现一个完整的、制作精良的图示。学生可以据此对遗漏的内容进行修正和补充，并思考如何在未来改进或完善自己绘制图示的技术。

在不同的学科中运用绘制图示策略

◇ 在科学课上，可以要求学生将对过程（如分馏）的书面文字描述转化为图示。

◇ 在英语课上，可以要求学生将作者所塑造的人物的特征可视化。在探索人物的语言模式时，这样做可能尤其有效。

◇ 在艺术课上，图示可以展示一种美术技巧所采取的步骤。

绘制图示策略的案例研究

本·纽马克（Ben Newmark）是一名历史教师，也是《为什么教书？》（*Why Teach?*）一书的作者，该书对教学的荒谬之处进行了坦率评价并提供了指导。纽马克解释了教师是如何通过对绘制图示进行示范来达到生动有效讲解的目的的。

有些东西从图片上看比从文字上看更容易理解，所以我在教历史的时候经常使用视觉类比和隐喻。例如，我会用这些方法和学生讨论在1923—1929年，古斯塔夫·施特雷泽曼（Gustav Stresemann）是真正解决了德国的问题，还是只是做了一些表面文章。

不用图片来教也是完全可能的。这可能涉及使用一个有两列的表格，一列标记为“确实解决了德国的问题”，另一列标记为“只是看起来解决了德国的问题”。在教师指导下，学生可以将两种观点各自的支持证据填到相应的栏中。这本身并没有什么问题，看起来也不错。但我不认为这真的能帮助学生正确理解围绕施特雷泽曼的历史辩论。

我没有使用表格，而是在黑板或投影仪下面的纸上，画出一个正在往一堵看起来随时可能倒塌的、有裂缝的墙上贴墙纸的简笔人。我给简笔人加上了“施特雷泽曼”的标签，给墙纸加上了“他的解决方案”的标签，给危墙加上了“1923 年的德国”的标签。然后我用和上述表格中一样的支持证据，包括德国的结构性问题和施特雷泽曼为解决这些问题所做的努力，继续给这幅画贴上标签。这首先引出了关于视觉隐喻本身的讨论（简笔人有什么用？他想要隐喻什么？），然后是隐喻的含义（德国的问题是什么？施特雷泽曼是真的解决了问题，还是只“掩盖了裂缝”？）。这幅草图后来被大量使用，成为记忆和检索练习的基础。我使用这种图画非常频繁，以至于学生看到我再次画图时会忍不住嘟囔。这样做还有一个好处：尽管学生可能没有意识到，但他们也知道了政治漫画中隐喻的运作机制，这终归是很有用的。

运用绘制图示策略的潜在局限

绘制图示的最大局限可能会让那些觉得自己画得不好的人产生挫败感。我们很难让这些学生明白，准确有力的视觉表征并不是目标，不管图示最终看起来像什么，绘制图示都只是学习过程的一部分。另外，花大量的时间在获取信息上，没有用心思考要学习的信息和从学习过程中真正获得理解，也是该策略的局限所在。

自我尝试练习一番

请思考一下你会如何在下面的方框中绘制图示来呈现本书所提到的SOI模式。

推荐阅读文献

CAVIGLIOLI O, 2019. Dual coding with teachers[M]. Woodbridge: John Catt Educational Ltd.

MAYER R E, 2014. The Cambridge handbook of multimedia learning[M]. 2nd ed. New York: Cambridge University Press.

第四章

联想要义策略

联想要义（IMAGINING）	效应量：0.65

定义 在脑海中形成内部图像来图解课程内容。

研究 在 22 项研究中有 16 项是有正效应的。

适用条件 当学生熟悉学习内容且学习内容设计精良时最有效。

什么是联想要义策略？

请闭上你的眼睛，想象一下生成学习这个术语，脑海中浮现出什么画面？有图像正在“生成”吗？是一株植物，或者什么其他生物在复苏或生长？都有什么图像能与“生成”这一中心思想联系在一起？它同前面章节中结构映射或绘制图示所提及的内容有关吗？

这种做法是将联想要义作为一种生成学习策略。该策略要求学生在脑海中创造图像来描绘自己学习的内容，并提供必要的提示和想法来支持这一过程。学生需要转述口语或文本信息，并为他们学习的关键元素创造图像。教师可以要求学生去创造：

◇ 静态图像。

◇ 过程步骤图像。

◇ 连续动画。

对联想要义的研究主要集中在对学术主题的回忆上，如回忆呼吸系统；但也有研究探索心理想象的作用及其对阅读理解的影响，并取得了令人振奋的结果（Fiorella et al., 2015）[87]。

与所有生成学习策略一样，学生必须遵循生成学习的三个步骤：“选择”学习中的相关领域；“组织”信息成为心理图像；将该图像和图式内的原有知识进行“整合”，以创建一个新的心理图像。

这种方法还要求学生创造心理图像，如教材中的呼吸系统可能会是什么样子的，然后分享对这个心理图像的解释，并与其他人进行讨论，分析如何以及为什么会选中这些信息并按照这种特定的方式加以组织。

为什么要运用联想要义策略？

在采用这种策略时，我们再次要求学生参与选择、组织和整合的特定认知过程。我们要求他们将口语或文本信息同视觉表征建立联系。就像结构映射和绘制图示一样，我们为学生提供了创建这些联系的直接机会，这将支持围绕学习主题的某一图式的发展。在这个过程中，同原有知识的联系是很重要的。

确保学生对主题有一定的先验知识非常重要，这有助于取得最佳的学习效果。有研究表明，与还需要发展图式的大学生相比（Bender et al., 1978），已经围绕主题形成了图式的大学生采用联想要义策略取得的效果更好。（Giesen et al., 1984）然而，一些研究，特别是关于理解能力方面的研究，显示出联想要义策略在年幼儿童身上也取得了良好效果。

这表明该策略在支持图式形成方面大有潜力，学生再次将重点放在建立联系和依托原有经验上。正如克里斯汀 · 康塞尔

（Christine Counsell）所说，当讨论与核心地区和落后地区有关的概念时，学生将能够记住关于中世纪生活的关键事实，但如果没有图像、风景、故事以及其他各种能给他们带来中世纪农民的感觉的细节，他们就不会理解这些事实，更不用说保持精确、灵活和有效地回忆这些事实的能力。你需要看到，也需要“色彩”来形成心理模型。（Counsell, 2020）

联想要义是我们支持学生形成这些心理模型的一种方式。

与结构映射或绘制图示策略不同，联想要义可以在学习的关键时刻减少外部认知负荷。专业技能，特别是与绘制图示有关的技能，可能会分散注意力。如果有非常具体的绘图技术要求，这可能会增加对工作记忆的要求。然而，联想要义本身也会对工作记忆造成负荷，因为正在创建中的图像需要存储在这里。

研究表明，联想要义在阅读中与理解有特定的关联，而可视化则是阅读教学中经常使用的策略。普雷斯利（Pressley）在 1976 年进行的一项研究发现，在理解测试中，一个接受指导在脑海中描绘过 950 个单词的故事的学生，其表现明显优于对照组。（Pressley, 1976）

在学习过程的最初阶段，所用材料的质量也很重要，质量较差的口语、文本或表格信息会导致联想要义策略的效果降低。

怎样在课堂中运用联想要义策略？

就像其他生成学习策略一样，为学生提供明确的指导以达到最好的效果是很重要的。在脑海中创造句子和学习的各个方面的心理图像，将有助于学生发展使用联想要义策略的能力。作为显性训练的一部分，通过示范元认知过程来帮助学生决定选择哪些元素以及以何种方式组织信息，也是很关键的。

一旦学生对如何完成这个过程建立了信心，那么联想要义策略就可以被整合到不同的课堂情境中。在英语课上，这种策略可以通过要求学生想象人物或场景，从文本中选择关键元素，并利用他们所学的关于人物或场景类型的其他信息来实现。例如，当研究《圣诞颂歌》（*Christmas Carol*）的开头部分时，学生会利用他们对现在和 19 世纪伦敦大环境的已有理解（如果这是他们原有知识的一部分的话）来创建心理图像。然后，学生会用文本中的细节来充实他们的原始图像，以形成一个围绕材料的更详细的图像。当考虑到斯克鲁奇（Scrooge）这个角色时，学生可能已经对这个角色和维多利亚时代的绅士们有了大致了解，还可以通过文本细节来予以调整。一旦他们能够创建一个联想要义的图像来定位人物和地点，他们就会将这些形象纳入自己的图式，从而支持自己继续阅读理解。费奥雷拉和梅耶引用了甘布雷尔（Gambrell）和贾维茨（Jawitz）1993 年的一项研究。研究者让一组四年级学生阅读一篇925字的故事，同时在脑海中尽可能多地描绘所读的内容（联想要义组）。研究发现，被指导使用联想要义策略的学生在自由回忆测试和提示回忆测试中的表现都明显优于对照组。

当对一篇文章形成了一个心理模型后，学生就可以很容易地将其与其他图像版本进行比较了，这对于如斯克鲁奇这样被充分描写的角色尤其容易，而围绕比较展开的讨论可以用来进一步探索原文的内容。

在地理课上，这种策略可以用于预测任务。例如，教师可以利用学生在北非和气候变化方面的知识（这两个是截然不同的主题），要求他们想象一幅气候变化可能对北非产生影响的图像。这里我们再次看到学生从两个图式中"选择"关键信息，将信息"组织"成一个新的模式或结构，并将其"整合"到自己的长时记忆中。同样，学生还可以使用其他的图像变式来进行比较。

在不同学科中运用联想要义策略

◇ 在体育课上，可以引导学生对他们要做出的一系列动作进行想象，以与教练的示范形成对比。

◇ 在历史课上，可以引导学生想象老师所描述的场景，以加强对所呈现信息的记忆。

◇ 在数学课上，当面对一个问题解决的场景时，可以引导学生想象场景真实发生的情况，从而考虑潜在的数学解决方案。

联想要义策略的案例研究

在这个案例研究中，《“专家的斗篷”新手指南》（A Beginner's Guide to Mantle of the Expert）的作者、自由教师和培训师蒂姆·泰勒（Tim Taylor），解释了联想要义策略是如何塑造其教学观并影响其教学实践的。

联想要义是教育研究中的“灰姑娘”主题。正如基兰·伊根（Kieran Egan）早在 1986 年所观察到的，教育研究在很大程度上忽视了想象力，因为想象力是一种很难明确把握的东西。（Egan, 1986）

这就是问题所在。我们都有想象力（尽管有些人予以否认），我们都知道它是如何出现在脑海中的，但它在教育研究中很大程度上被忽视了，在课堂上也未被得到充分利用，仅出现在让孩子“写故事”的时候。然而，有些人［尤其是伊根，还有多萝西·希斯考特（Dorothy Heathcote）等人］认为，联想要义是一种强大的学习媒介。人类（也许尤其是孩子）不需要训练，也不需要付出很大的努力就能做到这一点。

从我成为教师开始，我就对运用联想要义策略的潜力产生了浓厚的兴趣。我看到班上的孩子在自己创造的想象世界中，独自或集体地创造意义。如果联想要义（显然对孩子很有吸引力）能够被组织和规划为课程教学的媒介，这将是一个十分强大的工具。

正是在我职业生涯的这个阶段，我开始寻找其他写过这方面文章的人，并遇到了伊根和多萝西·希斯考特。希斯考特在20世纪90年代中期仍在从事写作和教学工作，她在职业生涯中一直在探索如何使用戏剧作为学习媒介，并致力于开发一种方法，这种方法来自她的作品，被称为“专家的斗篷”。

希斯考特意识到，课堂上的戏剧与玩耍密切相关，而玩耍是想象力的表现。因此，她的方法是（作为教师）创造想象的场景，让孩子们可以畅想自如，这将生成课程学习的背景。

在这种背景下，孩子们将披上一个专家团队的“斗篷”（即承担起相应的责任），并将参与各种活动。正是这些由教师设计的活动，让孩子们发挥了想象力，同时提高了他们对课程知识的掌握和理解程度。

我在过去25年一直在探索希斯考特的方法，我看到了这种方法如何改变了课堂，也看到了那些发生在我职业生涯早期与之相关的景象。当然，这种方法不是漫无目的的，不是让孩子自己去玩而老师撒手不管，而是要采用一种有组织、有计划且系统化的方式来实现。

运用联想要义策略的潜在局限

当学生对一个主题有一定的先验知识时，这种策略最有效。

研究表明，一些发展迟缓或先验知识基础较差的学生可能无法维持脑海中的图像，特别是当图像本身需要在工作记忆中保持和发展时，这实际上削弱了他们利用联想要义策略来帮助理解的能力。（Leahy et al., 2004；Leahy et al., 2005）

联想要义策略会给工作记忆带来额外的负荷，因为大脑中的图像需要保存在这里，同时，还需要完成从长时记忆中选择、组织和整合信息的工作。因此，对于那些可能已经对工作记忆造成压力的任务，这种策略往往难以奏效。解决这一问题的一种方法是，在学习过程中的关键时刻创建心理图像，同时用显性教学研究中推荐的小步子法来引入信息，罗森海因教学原理就是一个例子。（Rosenshine, 2012）另外，因为这种策略无法取得有形的学习结果，学生也需要有良好的动力，才能使这种策略发挥理想的效果，否则他们可能会半途而废。

自我尝试练习一番

总而言之，联想要义策略要求学生“选择”图像中的成分，将这些成分“组织”好空间布局，并通过将信息从一种表征方式转换为另一种表征方式（例如从文字转换为图示）来做出“整合”。

请闭上你的眼睛，想象这个“选择”和“组织”过程在你所学的学科中可能是什么样子的，或者在下面的方框中把你的想象描绘出来。

推荐阅读文献

EGAN K, 1986. Teaching as story telling[M]. London, ON: The Althouse Press.

ENSER M, 2019. Tell it like a story if you want pupils to learn[EB/OL]. [2019-02-17]. https://www.tes.com/magazine/archive/tell-it-story-if-you-want-pupils-learn.

第五章

自我检查策略

自我检查（SELF-TESTING）	效应量：0.62

定义 通过回答问题来测试自己之前学习过的内容。

研究 在 47 项研究中有 44 项是有正效应的。

适用条件 在自由回忆测试或提示回忆测试后接受纠正反馈，效果最好；当只做再认测试时（如多项选择题），效果较差。

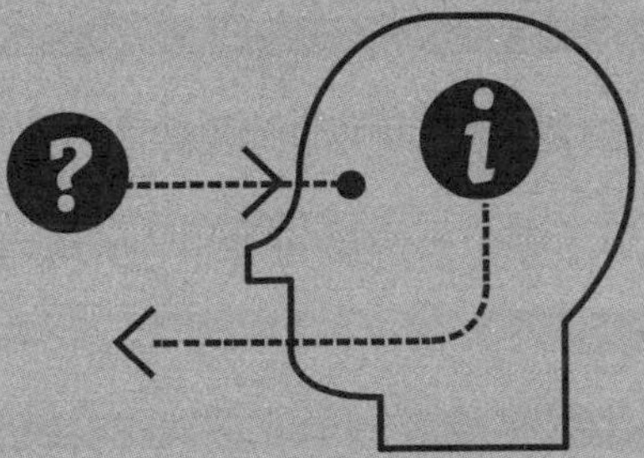

什么是自我检查策略？

假设你刚换了手机号码，你需要记住新号码是多少，以便在需要的时候告诉其他人。你该如何实现这个目标呢？你会使用什么策略来快速记住这个号码，并确保能够长期记住？

你可以把号码重复默念几次；你也可以把它分成更小的部分，先记住每个部分的数字，然后再把它们拼接起来。如果你像我一样，你可能会先将记忆中的号码写下来，并检查是否正确。你可能需要在数天或数周内去这样做，以确保能记住这个号码。如果你一段时间内没有回想该号码，那你就可能需要从头再来，并再次检查核对，以确保该号码这次准确无误地嵌入了记忆。

此时你用到了一些自我检查的策略。

在生成学习中，“自我检查”是指学生通过问题或活动回忆学习过程中的信息，这些问题或活动要求学生检索具体细节或更广泛的记忆，比如“大脑清空”（brain dump）活动。例如，学生阅读一本科学复习指南中的一章，然后完成这一章最后的检测题，并使用复习指南来检查自己的理解程度。

与要求学生只关注学习中最重要细节的善作小结策略不同，自我检查要求学生从所学主题中获得更广泛的信息，并可用于综合各种主题的信息。

与所有的生成学习策略一样，自我检查是一种采用 SOI 模式的方法，要求学生从与特定问题或任务相适应的学习情境中“选择”知识，然后以一种连贯的方式予以“组织”，最终将其“整合”到自己已有的图式中。这样做不仅可以激活储存在长时记忆中额外的原有知识，还可以根据学生给出的新答案对这些原有知识进行重组。

为什么要运用自我检查策略?

测试（testing）和小测验（quizzing）是常用的学习策略，尤其是在促进记忆的时候更是如此。它通常与死记硬背和重复相关。1969 年，艾伦（Allen）、马勒（Mahler）和埃斯蒂斯（Estes）发现，与重新学习材料相比，当人们练习信息检索时，回忆信息的能力会有所提高，这巩固了检索练习在课堂中的地位。（Allen et al., 1969）

然而，许多研究表明，自我检查和低风险测验不仅对记忆有显著影响，而且对学习过程本身也有显著影响，其中最著名的可能是罗迪格（Roediger）和卡尔匹克（Karpicke）在 2006 年的研究。（Karpicke et al., 2007）在罗迪格和卡尔匹克的研究中，学生被分成三组，他们获得了有关海獭和太阳的材料。第一组被要求在测试前学习材料四次；第二组被要求在学习过程中学习材料三次，自测一次；第三组被要求只学习一次原始材料，在参加最后一次测试之前，先自测三次。结果显示，只学习一次材料并将信息检索作为主要学习策略的小组比其他两组表现要强得多。这为“测试效应”现象提供了进一步的证据，自 1909 年埃德温娜·阿博特（Edwina Abbot）以来，人们就一直在研究这种现象。（Abbott, 1909）

当与分散练习或间隔练习相结合时，测试和自我检查有可能进一步增强学习的效果。2007 年，罗勒（Rohrer）和泰勒（Taylor）发现，以分散的方式复习材料的学生在测试中平均取得了 74% 的成绩，而那些在短时间内死记硬背的学生只取得了 49% 的成绩。（Busch et al., 2019）因此，鼓励学生在一段时间内进行自我检查，并回顾之前学过的信息，是确保知识嵌入学生长时记忆的有效策略。

在 2011 年的一项研究中，阿吉劳威尔（Argarwel）和罗迪格发现，那些知道自己稍后将在闭卷条件下接受测试的大学生，有可能表现得更好，因为他们在最初的学习中投入了更多的精力。（Agarwal et al., 2008；Agarwal et al., 2011）我们都希望学生在学习中认真思考，开动脑筋，以便他们将信息在长时记忆中编码并加以充分运用，因此我们需要确保学生意识到这一点，这有助于保证他们以积极主动的和有意义的方式参与学习。罗迪格等人的进一步研究发现了测试的诸多好处，包括改善学生头脑中的材料组织方式，以及让学生更好地意识到自己在知识和元认知方面的不足，所有这些都是生成学习的核心理念。(Roediger et al., 2011)

怎样在课堂中运用自我检查策略？

将自我检查作为一种生成学习策略，最直接的方法就是让学生在学习完一个主题后写下他们学到的知识。这可以与其他策略相结合，如结构映射策略，因为这两种策略仍然依赖于回忆和从一种形式到另一种形式的信息传递。

复习材料、抽认卡和在线课程章节末尾的简答题都可以用来帮助学生强化信息检索能力。

为了确保错误观念和错误方法不会根深蒂固，学生需要通过教师、学习笔记或原始学习材料快速获得纠正性反馈。在上课开始时，针对黑板上的问题进行快速问答是给所有人即时反馈的有效方式，但确保每个人都纠正了自己的错误并鼓励他们反思为什么他们的答案是错误的也很重要。这也是利用元认知过程的一个好方法，让学生认识到自己的知识差距，同时自我纠正并反思自己的思维是否正确。

我们也可以采用间隔练习策略来强化“测试效应”。在学习的关键时刻，给学生检索信息的机会，留出遗忘的时间，这将有助于提高信息存储和检索的能力。因此，要为之前学过的主题准备自我检查的机会，同时，这也是一个强调主题之间联系的良机。举个例子，在英语中，我可能会把对《麦克白》中关键场景的自我检查同对关于这个主题的诗歌的自我检查结合起来。

正如你将在自我检查策略的潜在局限中看到的那样，仔细考虑最终表现的条件也很重要。在英语教学中，我需要学生对一篇文章或一位作者的关键事实做到心中有数，也需要他们在最终表现时能够娴熟流畅地使用这些信息。因此，我需要创造机会来提高学生检索信息的流畅性，并让关键信息嵌入他们的长时记忆；我还需要提供机会，让学生以更灵活的方式检索信息，而不是简单地回答简短的复述问题。因此，使用较复杂的问题进行练习，包括利用所学信息进行论文构思和写作，将使学生有能力在类似条件下检索知识。

在不同学科中运用自我检查策略

◇ 在现代外语课上，可以让学生通过使用抽认卡来核对和增强对关键词汇的记忆。

◇ 在历史课上，可以引导学生使用知识组织和阅读 / 转述的方法来检查自己对材料的掌握程度。

◇ 在戏剧课上，可以引导学生使用自我检查来提高自己对剧本的回忆能力，提升随后的表演水平。

自我检查策略的案例研究

来自希思菲尔德社区学院的艾玛·斯密斯（Emma Smith，历史学科负责人）和马克·恩舍（地理学科负责人）探讨了“测试效应”的影响及其在生成学习中的作用。

在 2018—2019 学年，我们为有效教育研究所（Institute of Effective Education）进行了一项试验，考查八年级地理课和历史课上低风险测验的效果。八年级中一半的班级以每周一次的频率，在刚上课时先进行一个 10 个问题的快速小测验，然后教师给出答案并让学生自己打分。在学年结束时，所有八年级的学生都参加了评估，我们将他们的表现与这一学年的第一次评估结果进行了比较。这样一来，我们就可以将完成过小测验的学生和没有完成过小测验的学生进行对比。

我们发现，虽然完成过小测验的学生都在一定程度上从小测验中受益，但其在地理课上的效果明显优于在历史课上的。当我们研究这一现象的潜在原因时，我们注意到小测验时使用的地理问题通常比历史问题要复杂一些，需要学生运用更广泛的知识来回答。通常在历史课上，教师可能会要求学生回忆一个特定的日期或名字；而在地理课上，教师可能会问学生发生这些过程的原因。事后看来，地理课上的小测验问题在本质上似乎更具生成性，要求学生经历选择、组织和整合的过程。

这有助于我们思考在大学课堂中应如何使用自我检查的方法，并建议教职员工仔细考虑如何在回忆测验中选择问题，以及这些问题是否需要学生认真思考所学习的材料。

运用自我检查策略的潜在局限

学生需要在学习的初始阶段使用高质量的学习材料和相应的解释说明，否则检索信息的过程可能会被嵌入误解和错误。多项选择题也应该谨慎对待，因为“诱饵答案”（错误的诱导性选项）可能会导致错误的认知。

对于学生来说，拥有可以利用的先验知识也是必要的，所以只有在学完一个重要的学习环节后，实施有效的自我检查的机会才会出现。

我们需要确保学生在不使用学习材料的情况下有动力使用自我检查策略，否则，他们就会倾向于简单地复制而不是检索信息。鼓励学生写下自己的答案也是为了确保他们不会偷工减料，或者不会在对答案一知半解时自以为知道了答案。

纠正性反馈需要在信息检索后可以立即获得，无论是回到学习材料还是获得答案（例如使用抽认卡或在线资源），以避免错误和误解被嵌入长时记忆。

测试条件将影响学生的学业表现，如前文英语课的例子所示。如果我们希望学生能够回忆起所学的关键事实，那么只测试这些事实时，他们的学业表现会比没有练习信息检索时更好。然而，如果我们想让他们对信息有更强的迁移和灵活运用的能力，那么他们就需要练习使用与之对应的方式来检索信息。如果我们想让学生在问题解决的情境下迁移知识，那么只练习简短的回忆问题将无法很好地支持这一目标；反之亦然。

自我尝试练习一番

请把自我检查作为一种生成学习策略来回答以下问题，不要参考书本或笔记。

1. 我们在一段时间内检查同一个概念的过程叫什么？
2. 谁研究了“测试效应”？
3. 举一个例子说明用自我检查策略学习的局限性？
4. 在案例研究中，刚上课时使用的小测验有多少个问题？

现在请回到你的笔记或本章内容，检查自己的答案。

你答出了哪些答案？你的答案有哪些不足？你需要重新学习什么？

推荐阅读文献

BAHRICK H P, HALL L K, 2005. The importance of retrieval failures to long-term retention: A metacognitive explanation of the spacing effect[J]. Journal of Memory and Language, 52 (4): 566–577.

KIRSCHNER P, WEINSTEIN Y, 2017. Memory and recall[M]// HENDRICK C, MACPHERSON R. What does this look like in the classroom?. Woodbridge: John Catt Educational Ltd: 122–142.

第六章

自我解释策略

自我解释（SELF-EXPLAINING）	效应量：0.61

定义　通过对所涉及材料的详细阐述，向自己解释课程的内容。

研究　在 54 项研究中有 44 项是有正效应的。

适用条件　对于初学者来说，在有重点提示的情况下学习图表和概念性材料最有效。

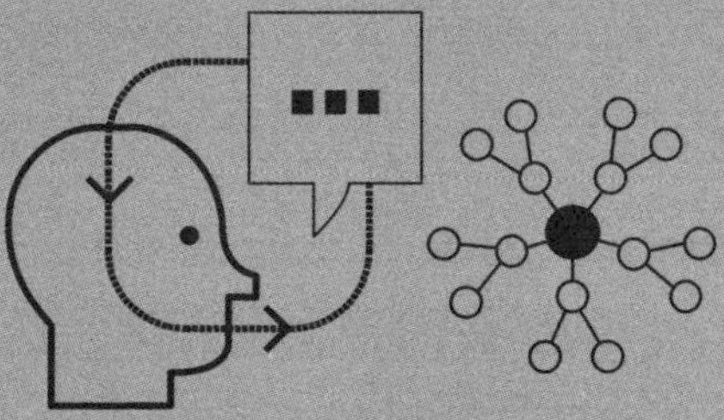

什么是自我解释策略?

如果要求你教一个自己从未教过的主题，这个主题又是你从未学习过的，你可能需要花一些时间来进行相关阅读。当你开始阅读时，你可能会向自己解释。这可能涉及如下思考：“好吧，这一定意味着……”或者“我想知道这是否与……有关”。这种思考过程是自我解释的生成策略，是我们许多人发现自己下意识正在做的事情。

自我解释的学习活动包括学生阅读文本或图表，然后向自己解释所读的内容。例如，学生可能会读到坎伯兰洪水（Cumbrian floods）的故事，然后问自己：“为什么会发生洪水？”或者，他们可能会研究一个电路板的示意图，然后问自己：“如果我在这里做一个调整，会发生什么？”在这两种情况下，学生将自己刚刚读到的内容与已经知道的内容（洪水的原因和电路板的运行原理）联系了起来。

自我解释也可以作为一种元认知方法，学生会在这种方法中解释自己为什么选择了特定的过程或策略。例如，在完成一道数学题后，他们可能会问自己：“我为什么要这样做？”

为什么要运用自我解释策略?

这一策略的目的是确保学生参与到对教学材料的学习中。要做到自我解释，他们必须：

◇ 从材料中“选择”相关信息，通过思考要点和自己已经问过或正在问的问题来进行解释。

◇ 将这些信息“组织”成连贯的形式，让自己能够回答问题或提出观点。

◇ 利用原有知识，将新信息“整合”到现有的图式中，理解其意义。

如果这是一个生成活动，那么该活动就应该超越对文本的简单理解（尽管这可能是第一步），学生需要通过综合材料和已经知道的东西来阐明更深入的理解。因此，掌握一些先验知识就很重要，因为学生需要利用这些先验知识来吸收新信息。

采用自我解释策略的目的是帮助培养更多独立自主的学生，他们可以使用这项策略来审视新的东西，而不需要来自教师的直接输入。因此，自我解释也可能是一个有用的复习策略。在《强化学生工具箱》（*Strengthening the Student Toolbox*）一书中，约翰·邓罗斯基认为，这种策略之所以有前景，部分原因在于其简单好用。（Dunlosky，2013）[18] 他指出，即使是低龄的学生，使用“精细化审视”（elaborative interrogation）也应该没什么难度，因为这种方法只是鼓励他们在学习时多问几个“为什么”。

怎样在课堂中运用自我解释策略?

在某种程度上，我们在课堂上所做的很多事情都是在鼓励自我解释。当给学生传递新信息（从教科书、文章、图片、地图、表格、解释或其他来源）时，他们可能会被问到一些关于基本理解的问题，但是也会被期望基于对原有知识的理解进一步加深对新信息的理解。事实上，很难想象一节课完全没有自我解释的元素。例如：

◇ 在艺术课上，学生可能会学习某位画家的技巧，并被要求思考为什么要选择这些技巧，或者将其与已经学习过的另一位画家的技巧进行对比。

◇ 在地理课上，学生可能会得到二氧化碳排放量上升的数据，并被问及为什么会发生这种情况。

◇ 在历史课上，教师可能会一边解释第一次世界大战的起因，一边向学生提问了解他们对接下来发生的事情的预测。

然而，自我解释策略应该比这更进一步，如进一步询问学生，他们是如何得到自己的答案的。这与罗森海因所做的工作和他的教学原理有关。罗森海因的第三个教学原理是，教师应该多问几个问题，并检查所有学生的回答。（Rosenshine，2012）[14] 他说最成功的教师比不那么成功的教师提的问题更多，其中关于学生思考和回答的过程的问题也更多。

为了帮助学生审视自己的解释，我们可以教他们使用“苏格拉底提问”（Socratic questioning）式的问题。为了做到这一点，学生需要回答一个关于他们遇到的材料的问题，然后被提示进一步考虑他们答案的合理性。这可能需要他们采取以下步骤：

◇ 分类思考——关于这个主题，你已经知道些什么了？

◇ 查明假设——哪些额外的证据会让你对这个问题得出不同的答案？

◇ 给出证据——你得出的结论有什么依据？

◇ 多种看法——谁不同意你所得到的结论？

◇ 寻找启示——你的结论意味着什么？需要发生什么或者改变什么？

◇ 刨根问底——为什么你认为这是一个很重要的问题？

虽然自我解释可能是日常教学的一部分，但费奥雷拉和梅耶的著作中采用的方法有所不同，他们常常建议教师适度放手，至少在将自我解释的技巧教给学生后，要让学生能够不依靠教师的指导自主使用这种技巧来学习。事实上，费奥雷拉和梅耶在关于生成活动的书中提到的自我解释的一个应用就是“远程学习”。

例如，他们说，当从图表和样例中学习时，自我解释策略可能特别有效。此外，更集中的自我解释提示可能在以计算机为基础的学习环境中最有用，如教育游戏和模拟（Fiorella et al., 2015）[146]。

当在教学之外使用自我解释时，教师可以教授学生技巧，然后让他们在自己认为合适的时候去应用；也可以给他们提供提前准备好的针对所学材料的进一步具体提示。在费奥雷拉和梅耶讨论的一些研究中，他们发现，给学生提供一份带有选项的清单，而不是开放式问题，会更有好处。（Atkinson et al., 2003）这可能有助于学生避免在没有人能向其提供即时纠正的环境中，通过自我解释得出错误结论的情况。

在不同学科中运用自我解释策略

◇ 在数学课上，可以要求学生在着手解答一组问题之前先向自己解释一下过程。

◇ 在科学课上，可以要求学生在完成练习之前解释自己将要执行的过程。这能使他们将注意力集中在将要学的内容上，而不是在实践开展的机制上。

◇ 在宗教教育课上，可以要求学生向自己解释对于正在研究的一项问题或某一特定信仰所持观点的来源。

自我解释策略的案例研究

在过去的 15 年里，凯丽德温 · 艾克尔斯（Ceridwen Eccles）一直在小学任教。她目前教 5 年级，喜欢将学龄前和低年级的教学知识应用到她现在教的高年级孩子的课中。在这个案例研究中，她阐释了自我解释在课堂上所起的重要作用。

在小学的所有关键阶段进行过教学之后，我可以诚实地说，我发现了一个适用于所有年级学生的共同点，那就是一个基本的概念：孩子本身就是课堂上最好的教学资源。（即使是非常小的）孩子审视自己的作品并从作品中产生独立的探究性问题的能力（也）是强大的。自我解释是我在课堂上使用的一种工具，即利用学生自己的力量来推动他们深入和高质量地理解我所教的学科。

事实上，这种方法可以通用于各个学科领域。例如，在数学课上，一个孩子使用了一种方法解答问题，并看到同伴使用了不同的方法，然后问自己为什么他们要采用那种方法。如果孩子能够清楚地说明自己为什么选择了某种方法而不是其他的，那这不仅会深化他们的理解，还会推动他们探索各种策略，最终有助于知识的记忆和强化，并让这些知识能在未来发挥作用。我经常告诉孩子们，我传授给他们的知识就像竖琴的琴弦，他们不能一次弹奏所有的琴弦，但如果他们拥有所有的琴弦，就有能力演奏任何要求他们演奏的曲子。自我解释让他们能够做出独立的决定，并合理地说明为什么会做出这样的决定。由此产生的自我对话有助于巩固所学的知识，确保知识无法被遗忘。

我发现在阅读过程中进行自我解释也是非常有用的，因为它在本质上已经融入了每一堂课的结构中。孩子会针对词汇使用效果的探索和特点分析的步骤进行思考，当他们阅读一篇文章时，他们会提出问题，比如为什么作者故意选择某个词，或者为什么会采用某些写作手法。我们最近看了杰西卡·汤森（Jessica Townsend）的精彩作品《永泊镇》（*Nevermoor*）。我们在课上对“恐怖写作”的特点做了大量的讨论，然后一起读了书中的一章。我要求孩子们把注意力集中在作者用来“吓唬人”的词语和技巧上，并希望他们将大家通过直接教学探索到的东西独立地应用到这篇文章中。这些自我对话非常精彩。他们正在深入思考作者为什么使用特定的词语。一个突出的词是“面目可憎”。我们已经在词汇预习课上学习过这个单词，并通过日常的检索练习巩固了关于这个词的知识。然后我看到孩子们问自己为什么这个词比“恐怖”或“卑鄙”更有力量。他们讨论了感官通道，还有一个令人厌恶的角色如何通过这个词的含义让读者联想到一个令人不愉快的人，以及这个词如何与令人厌恶的气味建立联系。孩子们都很棒，不是吗？我觉得在阅读过程中自我解释的技能可以让孩子们对文本有更深刻的理解，也对书中的措辞有更深入的思考。这最终让孩子们对阅读产生了更大的兴趣，也对他们写作的质量产生了影响，因为孩子们已经探索了为什么作者要用这些方式来写作，我看到他们在自己的写作中借鉴了这些技巧。

运用自我解释策略的潜在局限

我们需要注意自我解释策略的潜在陷阱。首先，我们需要再次考虑，训练学生掌握这种技巧所需要的时间。不仅传授技巧需要花费时间，而且进行自我解释本身就比其他形式的学习策略需要更多的时间。费奥雷拉和梅耶警告说，重要的是要考虑自我解释这一耗时的学习策略，能在多大程度上提供超越其他学习策略的独特的学习效益（Fiorella et al., 2015）[141]。

关于自我解释的文献中也有一些明显的矛盾，比如费奥雷拉和梅耶认为，自我解释最适合那些之前对某个主题了解较少的人，但是邓罗斯基认为，需要较高水平的先验知识才能确保理解的生成，因此这种策略可能不适合年龄较小的学生。这可能意味着，在那些没有足够的原有知识来使用该策略的学生和那些知识太丰富以至于没有必要使用该策略的学生之间，有一条很微妙的界限。

自我尝试练习一番

你现在已经阅读了六种不同的生成学习策略。请向自己解释，关于学生使用这些策略的过程，你都学到了什么。

推荐阅读文献

DUNLOSKY J, 2013. Strengthening the student toolbox: Study strategies to boost learning[J]. American Educator, 37(3): 12–21.

SMITH M, FIRTH J, 2018. Independent learning[M]//Psychology in the classroom. Abingdon: Routledge.

第七章

乐于教人策略

乐于教人（TEACHING）	效应量：0.77

定义 向别人传授之前学习过的内容。

研究 在 19 项研究中有 17 项是有正效应的。

适用条件 当学生在预先知道自己随后需要教授其他人的情况下进行学习时最有效，因为这样他们会反思自己对所学内容的理解程度，以及思考自己应该如何回答同伴提出的深刻问题。

什么是乐于教人策略?

在本章结束时，你将被要求向其他人传授这个策略。

当你阅读时，仔细思考你需要传达的关键元素，以及你将如何尽可能清楚地予以解释。最重要的是，为了达到这个目标，你需要检查自己是否完全理解了将要教给别人的内容。

很明显，作为作者，我们没有权力必须让你这样做，但只要简单地考虑一下要把这个主题教给别人的念头，你就已经开始将乐于教人作为一种生成学习策略了。

乐于教人策略是指学生向他人解释自己所学到的重要概念。例如，学生可能会阅读一篇关于维多利亚时期英国陷入贫困的文章，然后将其中的关键思想教给同伴或全班同学。这是一个被广泛采用的策略，许多人都很熟悉，他们可能已经在自己所处的环境中或自己的学习中使用过讨论、同伴指导和合作学习作为策略。

与自我检查等其他生成学习策略不同，与乐于教人相关的实证研究证据要少得多，只有 19 项研究能够将乐于教人确定为关键变量。罗斯科（Roscoe）和齐（Chi）的同伴辅导等研究发现，在一个包含许多不同方面的过程中，很难准确地确定最大的影响来自哪个方面。（Roscoe et al., 2007）换句话说，对学习的影响是与教学过程有关，还是与受教过程有关，抑或与教师的指导或辅导等附加因素有关，这在交互教学中尤其是个问题。许多研究表明这种方法有好处，但尚不清楚其中哪个因素对嵌入知识和提高学生表现有最大的影响。

这就是为什么费奥雷拉和梅耶将他们的注意力集中在将“乐于教人”因素从上述策略中分离出来的研究上。

为什么要运用乐于教人策略?

乐于教人策略要求学生首先认真思考自己正在学习的概念。在最成功的研究中，知道自己是为了教学而学习的学生在学习相关材料时更有动力，表现也优于使用其他方法学习的同龄人。

巴奇（Bargh）和斯库尔（Schul）在 1980 年的研究发现，乐于教人策略有三个不同的阶段与 SOI 过程有关（Bargh et al., 1980）：

◇ 首先，在准备阶段，学生将选择材料，并对材料进行初步理解，在这个初始阶段努力思考，以便在学习时做出适当的取舍。

◇ 其次，自我解释的行为鼓励学生积极理解材料，再次选择、重组和利用原有知识，以使自己的想法尽可能清楚。

◇ 最后，当学生以“小老师”的角色与其他学生发生互动时，例如通过深度提问，元认知过程被用于“小老师”反思自己对材料的理解并在必要时重构这种理解的过程（Fiorella et al., 2015）[155]。为了强化在这个阶段可能带来的好处，使用“苏格拉底提问”技术（参见第六章关于该方法的更多细节）可以确保交互具有高质量。

在费奥雷拉和梅耶的研究中，他们发现，被要求教授所学材料的学生表现明显优于那些只学习材料或虽然准备教学但实际并没有这样做的学生。

在后续研究中，那些教授材料的学生表现也优于那些有额外学习时间的学生，以及那些在最终评估前进行了后续练习测试的学生。（Fiorella et al., 2013）

一些研究也聚焦于在这个策略中消除同伴互动的影响，使用基于计算机的平台来对学生讲解的质量予以反馈，并让他们有机会反思自己在乐于教人的过程中理解的内容。研究表明，使用有可供教学的对象的“贝蒂大脑”计算机程序（Betty’s Brain computer program）的学生比那些没有将乐于教人作为学习策略的学生表现更好。在霍姆斯（Holmes）的一项研究中得出的结论是，学生与“贝蒂大脑”互动时，学习深度比没有与可供教学的对象互动时更深入（Fiorella et al., 2015）[161]。（Holmes, 2007）

怎样在课堂中运用乐于教人策略?

这种策略的一项应用是用于在英语课堂上学习 GCSE 的诗歌集。在一些用于解决潜在误解的预先铺垫教学之后，教师要示范怎样开展有效的教学讲解，然后为学生提供高质量的材料来支持他们对文本的研习，帮助他们理解自己的角色是要教另一名或几名学生学习某首诗歌。

一旦学生们学习了这首诗和相关材料，他们就会得到提示，被要求精心构思一些问题来互相提问，其中包括一些可以鼓励他们把之前学过的内容联系起来的问题，这些问题可以来自这个主题，也可以是他们学习过的其他主题，比如《麦克白》。

在准备阶段，学生还可以获得教师的指导，以再次确保错误不会被嵌入记忆。教师也可以在必要时为学生提供指导。

同样地，乐于教人作为一种学习策略，可以被运用到不同学科领域的不同时长的活动中。比如告诉学生，一旦他们学习了课文、讲座或视频中的某些概念，就必须向搭档解释这些概念。在向搭档讲解之前，给学生一些时间来反思，这样他们就可以先参与选择和组织过程，再继续进行整合。在最简单的形式中，可以通过使用“思考—结对—分享”，让学生反思自己的理解，与伙伴讨论，最后参与小组讨论，分享他们对主题的理解。

费奥雷拉和梅耶还提到了其他一些研究，这些研究表明，设计良好的同伴辅导项目可以对导师和学生都产生重大影响，例如克罗沃德（Cloward）在1967年、摩根（Morgan）和托伊（Toy）在1970年以及加尔布雷斯（Galbraith）和温特伯顿（Winterbottom）在2011年的研究（Fiorella et al., 2015）[154]。这些项目包括纵向课程，即让高年级的学生指导低年级的学生，或与他们同年级的学生。当然，并非所有的好处都来自乐于教人策略本身；但是，如果我们正在考虑不需要专家参与的计算或识字项目，那这一策略可能是让所有人都受益的有效方法。

在不同学科中运用乐于教人策略

◇ 在戏剧课上，每个学生可以学习一个不同的角色，然后回到小组中解释他们学到了什么，并回答有关自己所学角色的探究性问题。

◇ 在数学课上，可以让学生到黑板前向其他人解释并演示一种解题方法来加强他们对这种方法的理解和运用。

◇ 在艺术课上，可以让学生向他人展示一种艺术技巧来提高自己的能力。

乐于教人策略的案例研究

弗雷娅·奥德尔（Freya Odell）是罗马圣乔治英国国际学校的英语教师。在以下案例中，她解释了自己是如何使用“切块拼接法”（jigsaw method）来组织学生互相教授新学材料的。

国际文凭（IB）课程的培养目标是让学生成为思考者和知识渊博的学习者，并能够清晰、简洁地开展交流。因此，重要的是在课程中让学生学会独立思考，并培养他们在向同龄人阐述自己想法时的信心。

在英国七至九年级（KS3），实现这一目标的方法之一是使用“切块拼接法”。（Hattie et al., 2014）例如，这一方法可以用于学习一首诗。教师将学生分成小组，每个小组探索诗歌的不同方面，比如语言、结构、观点等。在小组中，学生们会一起学习材料，并理解重点。在总结和组织所学内容之前，他们会找出关键的文本细节并讨论各自的理解。然后，教师会把学生重新安排到新的小组，这些小组由已经探索了这首诗的不同方面特征的学生组成。每个人都会轮流得到机会展示他们的学习成果，然后回答小组成员的问题。采用这种方法的好处有很多。

在最初的小组中

◇ 学生有一个独立的空间来阅读文本，这有助于他们产生独特的见解和想法。

◇ 学生能够在一个固定的空间与同伴分享想法和理解。这不仅深化了学生对文本的理解，也提升了其表达观点的信心。

◇ 学生知道他们需要展示自己的学习成果，这有助于他们吸收关键信息，并以一种对他人明显有益的方式组织这些信息，特别是如果教师要加入时间限制的话。对集体效能的运用能确保学生做出认真的、深思熟虑的贡献。

在“切块拼接”的小组中

◇ 学生会觉得自己在其所关注的领域是专家，因为他们提出的观点来自一个群体的共同理解。

◇ 通过讨论，学生可以在大家所提供的重点领域之间建立联系，这将提升学生的理解，并丰富他们对文本的解读。

◇ 学生互相提问，并试着自己给出答案。这就引出了更有力的讨论点，并提供了一系列潜在的解释。

活动结束时，全班同学聚在一起反思自己的学习成果。教师推动更广泛的讨论，引入学生自己的理解和所学的知识，并在出现错误观念时加以纠正。在课堂上使用“切块拼接”活动是为了培养学生理解和解释关键文本的表达欲和信心，并让他们在这个过程中相互支持，而不是总是依赖于教师。

运用乐于教人策略的潜在局限

使用这种方法需要注意的一个最重要的问题是，那些扮演教师角色的人和那些受教的人都有可能嵌入错误的知识。高质量的学习材料和定期的学习检查有助于避免这种情况。同样，并不是所有的学生都能够对一些复杂的主题进行有效的解释，他们需要有良好的理解能力才能做到这一点。

如果学生只是简单地重复学习，而不进行思考、选择和组织，其表现不会比使用其他方法的学生更好。因此，为了使乐于教人策略达到预期的效果，应该使用能够支撑这些元认知过程的框架。比如，将乐于教人策略放在学习序列比较靠后的位置，在使用了其他策略后再使用这一策略，其效果可能会更好。

学生教学时受教者提出的问题以及后续的互动可能再次使学生产生误解。同样，那些不能被真正探究理解的问题也不太可能促进所期望的元认知过程。

也有一些证据表明，由于不得不进行公开教学和演讲而产生的压力和焦虑，有可能会阻碍乐于教人作为一种生成学习策略的潜在好处的产生（Fiorella et al., 2015）[181]。当你向学生提出这种方法时，要仔细考虑：你可能需要给学生留出额外的学习时间，并为那些可能存在这种互动困难的学生提供支持。

自我尝试练习一番

请向一位同事讲解你从本章中学到的东西。

请从本章开头开始仔细考虑这些要点：他们需要知道哪些关键信息，你将如何解释清楚？

请鼓励他们提问来探究你所讲内容的含义，即使他们可能已经理解你的想法了。

请花时间反思自己对这个策略的理解，重新学习或做一些拓展阅读，以进一步提高理解。

推荐阅读文献

JARRETT C, 2018. Learning by teaching others is extremely effective–a new study tested a key reason why[EB/OL]. [2019-05-04]. https://www.bps.org.uk/research-digest/learning-teaching-others-extremely-effective.

PEDLEY-SMITH S, 2018. The protege effect–learning by teaching[EB/OL].[2019-10-29]. https://pedley-smith.uk/2018/09/29/the-protege-effect-learning-by-teaching/.

第八章

具身体验策略

具身体验（ENACTING）	效应量：0.51

定义　在学习过程中做出同任务相关的动作。

研究　在 49 项研究中有 36 项是有正效应的。

适用条件　当学生已经有较好的知识基础，并愿意接受指导且乐于实践时，效果最好。主要针对年龄较小的学生。

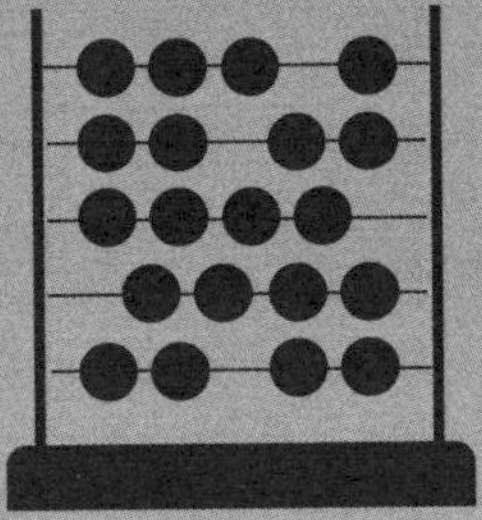

什么是具身体验策略？

让我们设想一个场景，假如你在开车，正在寻找一条街道。你迷路了，但幸运的是有人过来给你指路。这个人提到了许多令人困惑的方向，你的手比画着，随着指示的方向左右打手势，而这些小小的不自觉的手势实际上可能有助于我们记忆。

具身体验策略包括学生操纵物体或做出与要学习的内容相关的手势。例如，一群学生可能会模拟小说中的一个场景或使用模型来表演，或在数学课的求和运算中使用计算器，或在生理课上用双手相互撞击来表征牙齿磨耗造成的磨蚀作用。

为什么要运用具身体验策略？

具身体验策略就是使抽象的内容在学生的头脑中变得具体。对于一个低龄的学生来说，理解故事中人物之间的互动可能是困难的，但以具身说法的形式模拟角色可能会让他们更清楚地理解情节。皮亚杰将 2—7 岁孩子的思维发展阶段称为“前运算阶段”。这一阶段的特征之一是，孩子们倾向于只从自己的感知来看待事物。丹尼尔·缪伊斯（Daniel Muijs）和大卫·雷诺兹（David Reynolds）解释说：“这个阶段的孩子也非常以自我为中心，他们倾向于从自己的立场来看待世界和别人的经历。”（Muijs et al., 2018）[24] 可以想象，当要求孩子们站在不同的立场去理解一个故事或过程时，具身体验策略将对他们有所帮助（参见第四章蒂姆·泰勒的案例研究）。

与其他策略一样，具身体验也符合 SOI 模式。学生首先从学习的内容中选择信息；当他们思考如何最好地利用这些信息进行具身体验时，他们就会予以组织；然后学生通过具身体验将这些信息与原有知识、经验联系起来，最终将其整合到自己的图式中。

具身体验也被纳入了认知负荷理论：约翰·斯威勒（John Sweller）和弗雷德·帕斯（Fred Paas）认为使用手势可能有助于消除任务中的一些认知负荷。他们解释说，人类已经进化到能够非常容易地学习一些东西。（Paas et al., 2012）我们不需要被直接教学就能学会说话和做动作，我们可以通过观察别人来学习，这种形式的学习内容被称为“生物学原发知识”。（Geary, 2008）其他的知识或技能（称为“生物学次生知识”）不能被简单地习得，而是需要有人教给我们，比如阅读和算术。

斯威勒和帕斯认为，那些学习生物学原发知识的方式，比如观察他人和尝试动作，可以用来支持学习生物学次生知识。他们指出，一些研究表明，观察人类行为可以使模仿学习变得更容易，而使用手势则可以降低任务的认知负荷。（Wong et al., 2009）他们推测，这可能是因为信息加工是由大脑的不同部分所

处理的。(Broaders et al., 2007)

值得指出的是，在这个阶段，费奥雷拉和梅耶发现：相比于其他策略，具身体验的证据基础有些薄弱，在 49 项研究中仅有 36 项报告了具身体验策略的积极影响，并且其效应量的中位数也比其他策略的略小一些。

简而言之，这一章的重点是，与面对同样的材料但不参与动作体验的学生相比，学生通过操纵物体（或做出其他与任务相关的动作，如手势）是否能更有效地掌握学习内容。

换句话说，费奥雷拉和梅耶对比得出的是具身体验策略相对于只提供了学习信息而未使用其他学习策略时的效果，而不是它与其他学习策略的相对效果。有了这些注意事项，我们将探索如何在课堂上使用具身体验策略。

怎样在课堂中运用具身体验策略？

费奥雷拉和梅耶提出的通过具身体验来学习的原则只适用于还不习惯从具体到抽象的低龄学生。因此，使用具身体验策略的方法很可能是那些在小学教室里常见的方法，比如使用积木来帮助学习计数、加减法或表示分数和比例。和以往一样，当我们用具体的类比来表达抽象的概念时，我们必须小心，不要让这个用于类比的事物引起分心或误解。例如，使用的积木的颜色可能会分散学生的注意力，或者在学生的脑海中呈现出教师没有想要呈现的意义。

这种策略也可以用在学生模仿他们正在学习的故事场景上，无论是通过亲自表演还是模型表演，学生都能更好地记忆故事中的人物行为，同时更深入地理解故事的内容。然而，教师需要指导学生如何更好地表演这些学习材料，并帮助他们理解正在做的事情与要学习的材料之间的联系。材料越抽象，这一点就越难做到。

一些概念也可以通过使用具体的模型在课堂上演示出来。例如，有些人在地理课上用蛋糕来代表悬崖上的岩石，用叉子来代表海浪，然后他们就可以模拟海浪对岩石的侵蚀。这个做法的问题在于，叉子不能很好地类比海浪（其行为方式非常不同），蛋糕也不能很好地类比岩石（它不会像岩石那样坍塌）。这表明，我们必须非常谨慎地运用具身体验策略，以避免通过错误的类比引入错误的概念。

手势也可以让抽象的东西变得更具体。例如，如果一个班级在学习不同的磨蚀作用，学生可能会通过拳头互相撞击来记住牙齿磨耗（attrition），或者通过手相互摩擦来记住牙齿磨损（abrasion），这将帮助他们区分两个容易混淆的术语。

在不同学科中运用具身体验策略

◇ 在音乐课上，可以让学生在开始表演之前先练习使用乐器的动作。

◇ 在现代外语课上，可以引导学生在重复关键短语或词汇时使用手势。

◇ 在数学课上，可以引导学生使用实物来表征运算过程，例如使用积木或珠子。

具身体验策略的案例研究

泰金德·吉尔（Tarjinder Gill）是一名经验丰富的小学教师，曾在英格兰中部地区、伦敦和诺福克的薄弱学校的一至二年级（KS1）和三至六年级（KS2）开展教学。她目前任教小学英语学科。在下列案例中她讨论了如何在课堂上使用手势来支持学习这一问题。

我曾在英语课上用故事地图来复述故事，最近又扩展到用故事地图来说明过程（如古埃及的防腐）。这些地图由简单的图画或图标和关键词汇组成，这些都是我为全班同学创建的。

虽然这在最初的课程中对学生有帮助，但我注意到，在随后的课程中，学生使用地图回忆材料的能力发生了显著变化。我介绍了手势的使用，主要是为了帮助他们记忆他们很少接触到的关键词汇（例如防腐、卡诺匹斯罐等）。手势保持简单，以帮助记忆。起初，这些手势是事先确定好的，并由我教给学生，但随着他们熟悉了这项策略，他们便能够自己构思出适当的手势。

当复述有助于一篇文章的写作时，我就会以组块的形式引导学生复述故事。学生在说句子的时候会模仿手势（可以改述，但如果我听到语法错误就会停下来纠正）。这一过程一直重复到学生掌握为止。然后，我将不再复述故事，而只是模仿手势，让学生回忆故事。

之后，学生轮流向同伴复述这个故事，听讲的学生仍然被要求跟着做手势。最后，我会要求学生向自己复述故事，并根据故事地图进行核对。

我发现使用手势可以增强学生对关键词汇的记忆，以及他们对故事或过程顺序的认识。此外，学生在使用手势时越自信，复述或写作时他们对故事地图的依赖就越少。

运用具身体验策略的潜在局限

需要注意的是，试图将具身体验策略付诸课堂学习有许多潜在的陷阱。首先，我们需要记住，这方面的方法主要适用于年龄较小的孩子，他们很难突破具体的思维。另外，我们还应该记住，在本书讨论的所有生成学习策略中，具身体验策略的证据基础最薄弱。

如果我们要通过具身体验来学习，那么我们需要确保其不会使学生从要学习的东西中分心或产生误解。在上面地理课的例子中，在使用蛋糕时，学生可能更多的是考虑吃蛋糕而不是侵蚀的过程；或者他们可能会误解波浪对悬崖冲击的方式，将其视为一种挖掘作用。

还需要注意的是，在具身体验过程中所采取的行动主要是创造情景记忆，而不是语义记忆。这些情景记忆与创造它们的事件紧密相连（如用木偶表演《罗密欧与朱丽叶》中的一个场景），但它们很难被迁移到新的情境中。此外，语义记忆（如《罗密欧与朱丽叶》中一个重要的主题是与男子气概相关的冲突）很难与特定事件联系起来，但更容易与其他学习相联系（如关于冲突和男子气概的问题在《蝇王》中也有讨论）。要进一步解释这一点，请参阅推荐阅读文献中克莱尔·西利（Clare Sealy）的研究。（Sealy, 2019）

自我尝试练习一番

请试着从这一章中挑出一些关键概念。每种概念都可以用什么手势表示呢？例如，你能想出两种手势来分别表示情景记忆和语义记忆吗？

推荐阅读文献

SEALY C, 2019. Memorable experiences are the best way to help children remember things[M]//BARTON C. The researchED guide to education myths. Woodbridge: John Catt Educational Ltd: 29–39.

STULL A T, et al., 2018. Learning by enacting: The role of embodiment in chemistry education[J].Learning and Instruction, 55(1): 80–92.

结 语

努力将生成学习转化为行动

很明显，生成学习可以给教师和学生带来很多好处。费奥雷拉和梅耶呈现的研究表明，当有效使用每一种策略时，对学生对信息的回忆和理解都有积极的影响。通过向学生传授具体的策略，可以培养学生自我调节的能力，使其能够自主选择合适的策略。随着时间的推移，他们会成为更独立自主的学习者，为继续接受教育或过好教育之外的生活做好准备。通过让学习变得更容易、更自主，我们还应该看到学生的学习动机将得以改善。学生会知道该如何取得成功。

对我们来说，生成学习显然与有效教学的理论相吻合。所有这些策略都要求教师以一种让学生能够从中“选择”并“组织”的方式向学生提供各种新信息。这意味着，新信息的呈现需要非常清晰，并使用罗森海因提出的小步子讲解和定期复习的策略，在这之后给予学生检索、模仿、练习的机会。正如在导论中提到的，我们可以看到生成学习与罗森海因提出的“直接教学”是一体两面、并行不悖的。生成学习不应被视为有效教学的替代品，而应为学生在接受有效教学后的行为提供指导。

也许这是我们在课堂或学校引入生成学习时应该意识到的问题之一：有一些教师可能会试图抛弃教学，转而依赖学生在没有教学情况下的自主学习。还有一个潜在的问题是，所有这些策略都需要训练学生学会如何使用，以及如何在每个科目中使用。如果这些策略要发挥作用，就需要我们持续和频繁地使用它们，不能引入后就放弃了。

除了考虑生成学习策略适合的不同学科外，我们还必须考虑它们适合的阶段。“具身体验”可能对年幼的孩子更有用，而“结构映射”则更有可能对高年级的学生有益。部分原因在于他们所处的发展阶段以及他们处理抽象信息的能力不同。不过，这也取决于学生对某个主题的先验知识有多少。如果没有足够的先验知识做支撑，SOI 模式的整合阶段就会变得很困难，且很有可能导致误解加深。和其他许多学习方法一样，生成学习对那些知识扎实的学生最有好处。

让生成学习在学校蔚成风气

就像学校的任何新举措一样，生成学习策略在培训方面也会有影响。正如在本书中提到的，生成学习有时间方面的考虑：训练学生有效地使用策略并改进使用方式需要时间，培训教师也需要时间。教师使用一致的教学方法——即使只是在一个学科或课堂内的一致，而不是整个学校的一致——将是使这些方法和许多其他方法发挥最大效力的最好方式。因此，培训活动需要仔细规划，以确保教职员工围绕这些策略使用共同的语言和相同的流程。教师需要教导学生如何使用策略，并提供实际示范和例子，让他们在实践中得到指导，特别是如果这一方法对他们来说是新方法的话更应如此。

因此，我们有必要考虑这些策略对学生的影响是否能显著平衡时间投入。通过在课堂和学校实施生成学习，你想解决学生的什么问题？我们需要考虑这样一个问题：在当前的背景下值得去这样做吗？如果答案是肯定的，那么接下来重要的一步就是计划开展哪些策略（例如我会考虑哪一个策略可能会对学生产生最大的影响，先予以介绍，然后再介绍其他的策略）。你需要考虑如何与教职员工分享理论基础和研究，并考虑这些内容如何与学校的现有发展相适应。

生成学习与有效教学策略（如前面提到的罗森海因教学原理）一体两面，也与对“认知负荷理论”和“图式理论”的理解密切相关。这意味着我们有机会探索一些新的策略，比如在考虑循序渐进理解（小步子法）、工作记忆和认知负荷的同时“善作小结”。同样，考虑到激活原有知识和构建图式的影响，尝试进行“自我检查”和“检索练习”也是有效的。

为了让教职员工充分利用这些策略，你需要向他们展示为什么这些策略是有效的，以及它们是如何发挥作用的示证和实例。然后，教职员工需要机会来探索如何在他们所教的学科、主题和课堂中实际应用这些策略，并计划如何指导学生使用它们。就像我们的学生一样，教师也需要时间来练习和完善对生成学习策略的应用，包括有时间来复习和反思。教师还需要通过辅导对话等方式来对这些过程提供支持。

正如大卫·韦斯顿（David Weston）和布里奇特·克莱（Bridget Clay）在《释放伟大的教学》（*Unleashing Great Teaching*）（Weston et al., 2018）中和大卫·科尔布（David Kolb）在关于“体验式学习周期”的研究（Kolb, 1984）中所概述的，以上谈到的这些都是与专业学习相关的良好实践所包含的要素。然而，重要的是要考虑实施这些策略的时间成本，以及为了做到这一点，你可以放弃哪些你常用的教学方法。

生成学习的未来启示

正如本书中所介绍的，费奥雷拉和梅耶的工作涉及学生如何利用生成学习策略来学习新信息。然而，他们的工作成果有超出这一目的的启示。

最明显的启示是，这些策略不仅可以用来从新信息中获得知识，还可以用来温习已经学习过的内容。值得注意的是，邓罗斯基关于有效复习的研究在本书的多个策略中被引用，并且存在很多交叉的情况。例如，已经学会使用“自我检查”和“结构映射”来学习新内容的学生可以使用同样的策略来进行复习。在这种情况下，他们仍在采用 SOI 模式，正在从长时记忆中选择信息，并将其调用到工作记忆中进行组织。在这个阶段，他们能够将这些信息与自己在学习这个主题的最初阶段所学的东西整合起来。

这些研究成果对远程学习也有影响。多年来，梅耶的大量研究都是关于计算机辅助教学各种形式的应用的，《学习作为一种生成活动》一书也揭示了在许多场合通过使用计算机软件应用生成学习策略，从而试图替代教师在课堂中的直接教学的情况。学生被要求在屏幕上阅读信息或者观看视频，然后运用自己所学的一种生成学习策略进行学习。这可能是一个重要的启示，即这种形式的远程学习在某些场合是必要的（例如在 2020 年新型冠状病毒流行期间），但我们同时也应该提醒大家，这只是特殊情况下的必要行为。尽管生成学习有可能取代教师的直接教学，但它似乎不太可能取代课堂上发生的、能让教师和学生不停做出实时反应和调整的各种现场互动。

最后一个我们认为需要在这里提出的来自费奥雷拉和梅耶研究成果的启示与课程有关。生成学习策略基于 SOI 模式，与原有知识的整合是关键。这些策略要想取得成功，至关重要的是，课程的顺序得安排好，以便课程与学生已经学过的内容有明确的联系，而且课程设置的方式也要帮助学生与自己正在学习的内容建立联系。这一启示远远超出了本书的范围，可能需要同具体的学科联系起来，以反映每门学科的基本结构。不过，任何教师或学校，如果希望采用生成学习策略的话，将需要从对课程的“省思”（review）开始。

参考文献

ABBOTT E E, 1909. On the analysis of the factors of recall in the learning process[J].The Psychological Review: Monograph Supplements, 11 (1): 159–177.

AGARWAL P K, KARPICKE J D, KANG S H K, et al., 2008. Examining the testing effect with open-and closed-book tests[J].Applied Cognitive Psychology, 22(7): 861–876.

AGARWAL P K, ROEDIGER H L, 2011. Expectancy of an open-book test decreases performance on a delayed closed-book test[J]. Memory, 19 (8): 836–852.

ALLEN G A, MAHLER W A, ESTES W K, 1969. Effects of recall tests on long-term retention of paired-associates[J]. Journal of Verbal Learning and Verbal Behavior, 8 (4): 463–470.

AN S, 2003.Schema theory in reading[J]. Theory and Practice in Language Studies, 3 (1): 130–134.

ATKINSON R K, RENKL A, MERRILL M M, 2003. Transitioning from studying examples to solving problems: Effects of self-explanation prompts and fading worked-out steps[J]. Journal of Educational Psychology, 95 (4): 774–783.

BARGH J A, SCHUL Y, 1980. On the cognitive benefits of teaching[J]. Journal of Educational Psychology, 72 (5): 593–604.

BARTLETT F C, 1932. Remembering: A study in experimental and Social Psychology[M]. Cambridge: Cambridge University Press.

BENDER B G, LEVIN J R, 1978. Pictures, imagery, and retarded children's prose learning[J]. Journal of Educational Psychology, 70(4): 583–588.

BLUNT J R, KARPICKE J D, 2014. Learning with retrieval-based concept mapping[J]. Journal of Educational Psychology, 106 (3): 849–858.

BROADERS S C, COOK S W, MITCHELL Z, et al., 2007. Making children gesture brings out implicit knowledge and leads to learning[J]. Journal of Experimental Psychology: General, 136 (4): 539–550.

BUSCH B, WATSON E, 2019. The science of learning: 77 studies that every teacher needs to know[M]. Abingdon: Routledge.

COUNSELL C, 2020. Twitter Post [EB/OL]. [2020-06-01]. https://twitter.com/counsell_C/Status/1264183348563492864.

DUNLOSKY J, 2013. Strengthening the student toolbox:Study strategies to boost learning[J]. American Educator, 37 (3): 12–21.

DUNLOSKY J, RAWSON K A, MARSH E J,et al., 2013. Improving students' learning with effective learning techniques: Promising directions from cognitive and educational psychology[J]. Psychological Science in the Public Interest, 14 (1): 4–58.

EGAN K, 1986. Teaching as story telling[M]. London, ON: The Althouse Press.

FIORELLA L, MAYER R E, 2013. The relative benefits of learning by teaching and teaching expectancy[J]. Contemporary Educational Psychology, 38 (4): 281–288.

FIORELLA L, MAYER R E, 2015. Learning as a generative activity: Eight learning strategies that promote understanding[M]. New York: Cambridge University Press.

FIORELLA L, MAYER R E, 2016. Eight ways to promote generative learning[J]. Educational Psychology Review, 28 (4): 717–741.

FOX R, 2001. Constructivism examined[J]. Oxford Review of Education, 27 (1): 23–35.

GEARY D C, 2008. An evolutionarily informed education science[J]. Educational Psychologist, 43 (4): 179–195.

GIESEN C, PEECK J, 1984. Effects of imagery instruction on reading and retaining a literary text[J]. Journal of Mental Imagery, 8 (2): 79–90.

HATTIE J, YATES G, 2014. Visible learning and the science of how we learn[M]. Abingdon: Routledge.

HOLMES J, 2007. Designing agents to support learning by explaining[J]. Computers & Education, 48 (4): 523–547.

KARPICKE J D, ROEDIGER H L, 2007. Repeated retrieval during learning is the key to long-term retention[J]. Journal of Memory and Language, 57 (2): 151–162.

KATONA G, 1940. Organizing and memorizing:Studies in the psychology of learning and teaching[M]. New York: Columbia University Press.

KIRSCHNER P, HENDRICK C, 2020. How Learning happens: Seminal works in educational psychology and what they mean in practice[M]. Abingdon: Routledge.

KOLB D A, 1984. Experiential learning: Experience as the source of learning and development[M]. Englewood Cliffs, NJ: Prentice Hall.

LEAHY W, SWELLER J, 2004. Cognitive load and the imagination effect[J]. Applied Cognitive Psychology, 18 (7): 857–875.

LEAHY W, SWELLER J, 2005. Interactions among the imagination, expertise reversal, and element interactivity effects[J]. Journal of Experimental Psychology: Applied, 11 (4): 266–276.

MAYER R E, 1993. Illustrations that instruct[M]//GLASER R. Advances in instructional psychology: Volume 4. Hillsdale: Lawrence Erlbaum Associates: 253–284.

MAYER R E, 2014. The Cambridge handbook of multimedia learning[M]. 2nd ed. New York: Cambridge University Press: 43–71.

MAYER R E, ANDERSON R B, 1991. Animations need narrations: An experimental test of a dual-coding hypothesis[J]. Journal of Educational Psychology, 83 (4): 484–490.

MUIJS D, REYNOLDS D, 2018. Effective teaching: Evidence and practice[M]. London: Sage.

MYATT M, 2018. The curriculum: Gallimaufry to coherence[M]. Woodbridge: John Catt Educational Ltd.

PAAS F, SWELLER J, 2012. An evolutionary upgrade of cognitive load theory: Using the human motor system and collaboration to support the learning of complex cognitive tasks[J]. Educational Psychology Review, 24 (1): 27–45.

PAIVIO A, 1986. Mental representations: A dual coding approach[M]. New York: Oxford University Press.

PELLEGRINO J W, HILTON M L, 2012. Education for life and work: Developing transferable knowledge and skills in the 21st century[M]. Washington, DC: National Academies Press.

PIAGET J, 1926. The language and thought of the child[M]. London: Kegan Paul, Trench, Trubner & Co.

PRESSLEY G M, 1976. Mental imagery helps eight-year-olds remember what they read[J]. Journal of Educational Psychology, 68(3): 355–359.

ROEDIGER H L, PUTNAM A L, SMITH M A, 2011.Ten benefits of testing and their applications to educational practice[M]//MESTRE J P, ROSS B H. The psychology of learning and motivation: Volume 55. San Diego: Academic Press: 1–36.

ROSCOE R D, CHI M T H, 2007. Understanding tutor learning: Knowledge-building and knowledge-telling in peer tutors' explanations and questions[J]. Review of Educational Research, 77 (4): 534–574.

ROSENSHINE B, 2012. Principles of instruction: Research-based strategies that all teachers should know[J]. American Educator, 36 (1): 12–19, 39.

SEALY C, 2019. Memorable experiences are the best way to help children remember things[M]//BARTON C. The ResearchED guide to education myths. Woodbridge: John Catt Educational Ltd: 29–39.

SWELLER J, 1988. Cognitive load during problem solving: Effects on learning[J]. Cognitive Science, 12 (2): 257–285.

VON GLASERSFELD E, 1993. Learning and adaptation in the theory of constructivism[J]. Communication and Cognition, 26 (3/4): 393–402.

WERTHEIMER M, 1959. Productive thinking[M]. New York: Harper & Row.

WILLINGHAM D T, 2009. Why don't students like school? A cognitive scientist answers questions about how the mind works and what it means for the classroom [M]. San Francisco: Jossey-Bass.

WESTON D, CLAY B, 2018. Unleashing great teaching: The secrets to the most effective teacher development[M]. Abingdon: Routledge.

WITTROCK M C, 1974. Learning as a generative process[J]. Educational Psychologist, 11 (2): 87–95.

WITTROCK M C, 1989. Generative processes of comprehension[J]. Educational Psychologist, 24 (4): 345–376.

WONG A, MARCUS N, AYRES P, et al., 2009. Instructional animations can be superior to statics when learning human motor skills[J]. Computers in Human Behavior, 25 (2): 339–347.

ZIMMERMAN B J, SCHUNK D H, 2011. Handbook of self-regulation of learning and performance[M]. Abingdon: Routledge.

译后记

盛群力

本书是由英国一线教育专家佐伊·恩舍和马克·恩舍撰写的面向教学实践应用的一本小册子，主题是“生成学习策略的应用”。本书给人的感觉可以说是小而美的，虽然篇幅简短精干，但是表达的观念和思想却是宏大精深的。“生成”这个词可以说主要是落在“内化”范畴的，与其相对的另一个词“表现”则更多地涉及“外化”。“生成学习”与“表现学习”（performance-based learning）是一体两面的，形成了内化与外化的良性循环，建构起了学习的循环圈和进阶梯。

那么什么是“生成学习”呢？到底“生成”了什么呢？按照理查德·梅耶的观点，从心理机制来说，“生成”是同大脑的三种记忆联系在一起的——感觉记忆、工作记忆和长时记忆。感觉记忆负责信息的摄取与登记，工作记忆负责信息的组织与编码，长时记忆负责信息的储存与检索。三种记忆同学习过程中的三种心理运作或加工分不开。感觉记忆有赖于学习者的正常心态与生理基础，它发挥作用之后的第一个心理运作是通过“选择”

开启正式的学习之途。选择是聚焦新知识的过程，没有选择就没有学习。学习者在摄取的众多信息中做出选择，是依靠目标、愿景、情感、态度、意志、动力、偏好、兴趣等决定取舍的。经过选择后的一小部分信息进入了工作记忆开始加工。工作记忆发挥的作用主要是对选择后的信息进行加工，这就是“组织”。组织是学习过程的第二个心理运作，是对新知识进行梳理。经过梳理的知识，不再是一团乱麻，而是呈现出结构化、形象化、条理化、层级化、系统化等特征，进入了豁然开朗、茅塞顿开、即刻理解等状态，带上了“表层学习”的烙印。学习过程的第三个心理运作是“整合”。整合是指联系新旧知识。相关的旧知识从长时记忆中检索出来，同已经梳理过的新知识汇合，新旧知识融汇与变通，产生了新质，由此进入了“深度学习”阶段。此时的知识带上了个人的特色和情境的条件，所谓的与众不同、不同凡响和独特心声描绘的就是这样的状态。然后，就到了“表现学习”环节，并接着进入“迁移学习”阶段。所谓为迁移而教、为迁移而学，就是真正做到了学以致用与融会贯通。

“生成学习”的三种记忆和三种心理运作的关系，从脑科学和信息加工系统的视角揭示了学习的机制，值得我们认真了解。这是至少两代人研究与精进的结果。20 世纪 80 年代，教学设计的创立者罗伯特·加涅提出了“为学习设计教学”的主张，形成了一种信息加工模式。在这之后的 20 世纪 90 年代，学习科学和教育心理学大家理查德·梅耶进一步提出了“为意义学习设计而教”的主张，对原有的信息加工模式进行了改造与升级，并且同多媒体学习挂钩。梅耶的信息加工模式保留了感觉记忆和长时记忆，将短时记忆改为工作记忆，创造性地将三种心理运作或加工过程命名为“选择”“组织”“整合”。若以上三种心理运作或加工都没有得到运用，或者只运用了“选择”，则学习结果是“无效学习”，这实际上就是一无所获，人来了心没来，所以没有学到、没有学懂、没有学会。若以上三种心理运作或加工运用了“选择”和“组织”，则学习结果是“机械学习”，这相当于死记硬背或者生搬硬套，再高明一点就是简单套用。只有三种心理运作或加工——“选择”“组织”“整合”——都运用了，学习结果才是“意义学习”，这就是融会贯通、灵活变通、合理取舍与个性表达。

大概在 21 世纪初期，梅耶和他的学生洛根·费奥雷拉一起，将这种信息加工模式重新命名为“生成学习 SOI 模式”，将“生成学习”与“意义学习”“建构学习”并用，而且愿意更多地采用“生成学习”这一说法。2015 年，费奥雷拉和梅耶合著的《学习作为一种生成活动》一书正式出版。这本书不仅树起了生成学习的大旗，更重要的是研发了八种学习策略。可惜这本书重在体现学科建设性质，学术研讨意味较重，较少涉及八种学习策略在具体学科的应用。所以，本书两位作者佐伊·恩舍和马克·恩舍在此基础上接力开发，具体阐述了如何在不同的学科中运用这八种学习策略。

本书是怎么阐释这八种学习策略的呢？本书的写作结构清晰明了。每一个策略都按照“是什么”“为什么”“如何做”，以及“有什么适用条件”（该注意什么样的边界特点）的顺序来加以阐述，之后提供了一个实际应用的案例分析，最后学以致用，让读者自己去探究体验一番。

如果我们仔细思考一下，这八种生成学习策略实际上可以分为两类。前面四种策略——善作小结策略、结构映射策略、绘制图示策略和联想要义策略侧重面向客体，面向学习任务；后面四种策略——自我检查策略、自我解释策略、乐于教人策略和具身体验策略面向主体，面向学习者的自我调节与完善。客体能力与主体能力相通，谋事虑篇与知己育才交织，是生成学习策略的特色所在。

本书作者特别提出的一个观点值得大家重视。作者认为“生成学习”与“有效教学”（或者称为“直接教学”“直导教学”）尤其同罗森海因提出的“十大教学原理”是一体两面、协力同心的概念，共同为实现学习者的发展服务。实际上，罗森海因的十大教学原理中，至少有两条——“赢成功、有成就”和“供支架、破难点”，已经带上了建构、生成的神韵。如果说生成学习偏向于“放手”那一端的话，直接教学则偏向于“扶手”这一端。教学中既需要生成学习，也需要直接教学，这就是扶放有度和扶放精准。先扶后放、有扶有放、扶了要放，这样一个连续体是教学的“辩证法”和学习的“金箍棒”。

本书提出的生成学习模式与八种学习策略值得各级各类学校教师和企事业培训师重视。我们希望大家结合自己的学科进行创造性应用，丰富生成学习的内涵及学习策略的多样性。

衷心感谢教育科学出版社将本书列入“新学习/新教学译丛”，感谢池春燕编辑和颜晴编辑的策划与审校！

本书翻译可能出现的不当与差错，恳请读者朋友指正！

附 录

为意义学习设计教学

——六种新学习方式研究综述①

盛群力　陈金慧

（浙江大学教育学院，浙江大学马克思主义学院）

当前，我国提出要确立以培养核心素养、关键能力与必备品格为特征的新教育目标，同时也着手对考试和评价方法进行配套改革。那么，按照“教—学—评”一致性或者教学目标、教学评价和教学方法互相匹配制约的要求，我们确实需要在基本学习（教学）方式（方法、策略）等方面也同样做出改革，才能确保新教育目标在课堂教学中得以贯彻落实。本文简要梳理了近 30 年来，国际教学设计和学习科学界提出的六种具有代表性的学习（教学）方法（方式、策略）的要义，考察其共同的特征并做出必要的价值分析，为课堂教学改革和教师专业发展提供借鉴。

一、提问与答问视角的四种学习方式

美国哥伦比亚大学师范学院马克·基根（Mark Keegan）认

① 本文曾在《上海教育科研》2023 年第 2 期发表，收录本书时做了补充和修改。

为：有必要探讨一种“教学方法分类学”（a typology of instructional methods），这样一种分类学应该聚焦学习的意义，同时简单好用，为优化教学活动做出贡献。他主张，可以根据教师与学生两个活动主体，谁提出问题，谁解答问题来做出方法分类。这样，就有四种方法（参见表1和图1）。第一种是教师提出问题，教师解答问题，这是授受法（Didactic Method）；第二种是学生提出问题，教师解答问题，这是问答法（Socratic Method）；第三种是教师提出问题，学生解答问题，这是探究法（Inquiry Method）；第四种是学生提出问题，学生解答问题，这是发现法（Discovery Method）。（Keegan, 1993）很显然，在这样一个教学方法连续统一体演进的过程中，教师扶放的程度是逐渐降低的，学生的自主性和能动性则是逐渐增强的。更重要的是，教师的责任和学生的责任是交织和交替的。教师当然希望学生自己能提出问题，自己能解决问题。但是，这不是一蹴而就的事情，而是需要渐次达成的。可以说，不经历“授受”，不可能抵达“发现”。这也从另一个角度证明了现在大家普遍认同的“少教不教不管用”这一原则，只有经过了这样一个连续的从扶到放的过程，“少教不教”才会管用。

表1　四种教学方法（Keegan，1993）[18]

提问者	答问者	方法	方式（活动）
教师	教师	授受	讲解，阅读，观看影视

续表

提问者	答问者	方法	方式（活动）
学生	教师	问答	陈述（复述），讨论
教师	学生	探究	阅读，查资料（阅览室、图书馆）
学生	学生	发现	做实验，现场调研

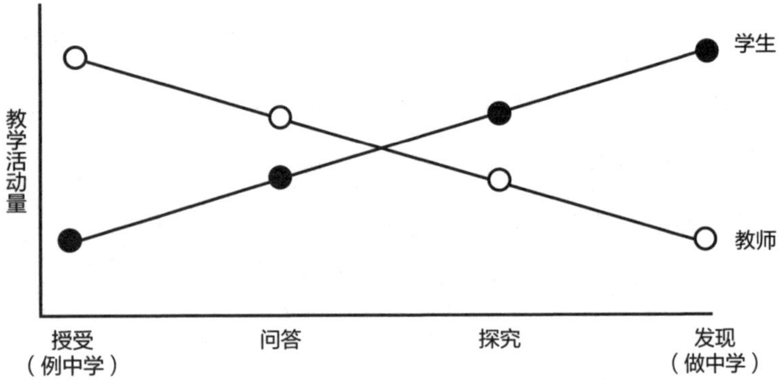

图 1　四种教学方法与师生互动的关系（Keegan，1993）[18]

二、综合学习设计的四种学习方式

“综合学习设计”（Complex Learning Design）是由当代国际著名教学设计专家范梅里恩伯尔（Van Merriënboer）和基尔希纳（Kirschner）共同研发的，迄今已有 20 多年。综合学习设计面向任务开展教学，主要解决教学中存在的“分割化”和“碎片化”问题，注重学习迁移和问题解决能力的培养。（Van Merriënboer，2019）

综合学习设计的倡导者认为，教师在教学中向学生呈现知能，有两种主要的方法：一种是“演绎法”，先讲清一般知能，再给出具体实例；另一种是“归纳法”，先给出具体实例，再提炼（或者呈现）一般知能。演绎法和归纳法是相对而言的。所以，人们一般也称之为“规则—实例”法和“实例—规则”法。

与呈现方法（presentation methods）密切相关的还有两种教学策略（strategies）。一种是讲解策略，另一种是探究策略。前者是呈现实例和道理，后者则是让学生发现实例和道理。呈现知能的方法和教学策略相结合，就可以构成以下四种具体的教学策略（参见图 2）。（Van Merriënboer et al.，2017）[157]

	讲解策略	探究策略
演绎法	L → O 适用于教学时间有限，学生原有知识充足，无须达到深度理解的学习情境	L ? O 适用于经验丰富的学习者，主要安排在课程学习的后期
归纳法	O → L 适用于新手学习者，主要安排在课程学习的前期	O ? L 适用于教学时间不限，学生原有知识不足，需要达到深度理解的学习情境

注：“L”代表一般知能；“O”代表具体实例；“→”代表教师讲解；“?”代表学生探究。

图 2　四种基本教学策略（Van Merriënboer et al.，2017）[157]

第一种是演绎—讲解策略（deductive-expository strategy），即先呈现一般知能，后提供具体实例。例如，教师先呈现一个细胞的定义，然后用具体实例来说明。一般来说，这是最省时、最直接的教学方法。如果学生有一些具体实例的经验，能帮助自己理解一般知能，而且并不要求深入理解，那么，运用这种方法是不错的。这种策略也比较适合于陈述性知识，例如事实、简单的概念和模型等。

第二种是归纳—讲解策略（inductive-expository strategy），即先提供具体实例，后呈现一般知能。例如，教师先提供三角形的具体实例，然后再讲解定义。这种方法通常有利于学生的深层次理解，这是演绎—讲解策略所难以企及的；但是在理解的深度上尚不及归纳—探究策略（第四种），是一种折中方法，比较适合于简单的陈述性知识，像事实、简单的概念和模型。教学设计研究倾向于将这种策略作为默认或者首选的策略，因为对学生来说，相对直观形象和容易接受。

第三种是演绎—探究策略（deductive-inquisitory strategy），即先向学生呈现一般知能，然后由学生生成具体实例。例如，教师呈现一般知能，然后让学生开始学习一个实例或者一个模型。这种策略适合于复杂的任务中有许多不同部分的完整任务操练。也就是说，学生一旦用其他三种策略学习了一个任务的各个部分，那么，可以用这种方法将整体任务融会贯通起来。这种方法最适合于策略性知识，诸如启发式和解决问题的系统化方法。

第四种是归纳—探究策略（inductive-inquisitory strategy），即先提供具体实例，然后由学生生成一般知能。例如，教师提供一个具体实例，然后请学生提供有关这个实例的一般知能。在学生有少许或者没有具体实例的经验时，采用这一方法，效果最佳。这一方法适宜的知识类型是简单的策略或模型。通常这一方法比较耗费时间，但是对达成深层次理解而言，这可能是最佳的方法。为了减少时间耗费，可以采用“引导性问题”（leading questions，如“除了保暖，还有哪些方法可以贮存能量?”），使之转换成指导性发现学习法，而不是严格的探究。归纳—探究策略能确保学习者充分、深层次地理解一般知能。

三、首要教学原理的四种教学互动

首要教学原理由当代国际著名教学设计家戴维·梅里尔（David Merrill）教授于 2002 年提出，经过了 20 多年的发展，目前受到普遍关注。首要教学原理要创建的是效果好、效率高和参与度高的优质教学，即 e^3 教学（effective，efficient & engaging instruction）。首要教学原理包括五个基本原理，即激活旧知原理（Activation）、示证新知原理（Demonstration）、应用新知原理（Application）、融会贯通原理（Integration）和聚焦问题 / 面向任务原理（Problem/task-centered）。（Merrill，2002）

在示证新知原理和应用新知原理中，首要教学原理确定了四种主要的教学互动：明理（tell）、示例（show）、答问（ask）和练习（do）。首要教学原理认为，“教学策略”就是对四种教学互动方式的综合运用，是一组引导学生获得特定知识和技能的教学活动（参见图 3）。（Merrill，2021）[26]

明理 + 示例 + 答问 + 练习 = 教学策略

图 3　e^3 教学策略的成分（Merrill，2021）[26]

首要教学原理主张，任何一个教学活动都是某种互动方式和某个内容元素的组合。明理和示例是两种教师为学习者提供内容的互动方式。示证新知的教学活动发生时，两种互动方式（“明理”和“示例”）同内容元素（“一般信息”和“具体描述”）相结合。“一般信息”通常指一般的内容要素，“具体描述”是对特定活动、人物或事物的说明、表现、描述或图示。首要教学原理认为教师有两种示证新知的教学活动：明理一般信息和示例具体描述。首要教学原理还规定了两种需要学生对内容做出反应的互动（应用新知）：答问一般信息和练习具体描述。（Merrill，2021）[18–20]

明理一般信息为学生提供信息元素，实际上就是讲概念、规则和原理等。明理通常与一般信息内容元素结合使用。明理通过教师语音、音频、视频、文本或其他多种方式向学生提供信息。其表达形式并不局限于语音，也不局限于教师主导。明理绝不是被动地传递信息，而是可采用陈述句、疑问句或反问句来表达。反问句的设计目的在于让学习者专注于思考问题的内容，而非教师期望得到的答案。

示例具体描述为学生提供特定对象或活动的例子。示例通常与具体描述内容元素结合使用。示例可以通过图示、视频、动画、图表和其他各种方式来实现。在明理—示例或示例—明理的教学活动中，在明理之后确保提供示例的部分，能够使示例的效果最大化。

答问一般信息用以检查学生对一般信息的掌握情况。答问通常与一般信息内容元素一起使用。许多典型的测试形式，如多项选择题、是非题、简答题和匹配题，往往要求学习者回忆或识别内容信息元素。

练习具体描述用来检查学生是否能够将一般信息应用到特定实例中。练习通常与具体描述内容元素一起使用。首要教学原理提出了四种练习：识别实例、补全实例、预测结果及发现缺失条件。练习这一互动方式可以通过各种活动实现，通过特定的内容描述吸引学生积极参与学习，使其记住特定描述的细节。

学习者通过明理一般信息、示例具体描述、答问一般信息、练习具体描述四种方式与内容元素互动，在此过程中获得各种类型的技能，即记忆联想、识别部分、分类概念、执行程序和理解过程。

首要教学原理认为，教学策略有四种效能水平。最为普遍的教学策略是只“呈现信息”（明理—答问），其效能水平为 0，对传递大量信息较为有效。效能水平为 1 的教学策略结合“呈现信息”与“示证新知”，在只呈现信息（明理—答问）的基础上，通过恰当的示证新知方式（明理—示例）具体说明已经呈现的信息。效能水平为 2 的教学策略是在“呈现信息”与“示证新知”的基础上，增加了“应用新知”策略（明理—示例—练习），即运用技能解决具体问题。效能水平为 3 的教学策略是在“示证新知”和“应用新知”的基础上增加了问题解决教学策略（“聚焦问题 / 面向任务”）。（Merrill，2006）

从图 4 可以看出，梅里尔认为，不同的教学策略在实现课堂教学效果上的效能水平（以复杂任务的掌握水平为指标）分别是呈现新知为 40%，呈现新知 + 示证新知为 60%，呈现新知 + 示证新知 + 应用新知为 70%，呈现新知 + 示证新知 + 应用新知 + 聚焦问题 / 面向任务为 80%。面对一个集体教学班级而言，考虑到学生差异等因素，一节课如果能够达到 80% 的教学效果，就显然是优质课了。

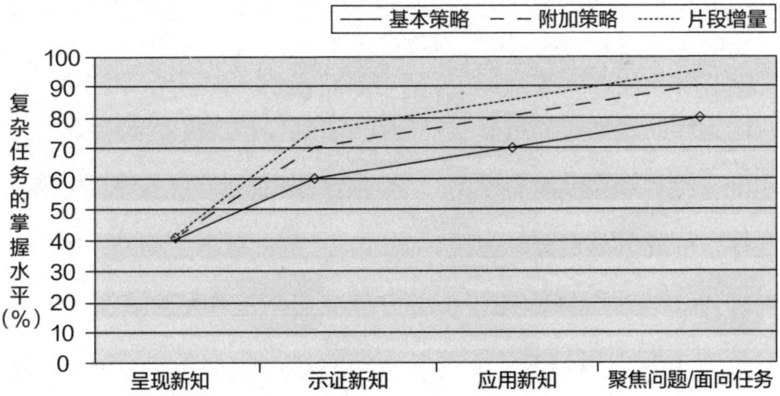

图 4　教学策略的效能等级

四、生成学习理论的八种学习策略

生成学习（Generative Learning）理论是当代国际著名学习科学家理查德·梅耶和洛根·费奥雷拉提出的。（Fiorella et al., 2015）[5] 学习是一种生成活动、建构活动和意义理解活动，这是生成学习理论最鲜明的观点和主张。在生成学习理论中，学生能够理解自己所学到的知识，并将其应用到新的情境中。生成学习理论主张学生能超越课堂，看到知识对未来学习和解决问题的影响。

按照梅耶的观点（Fiorella et al.，2015）[5-7]，从心理机制来说，"生成"是同大脑的三种记忆联系在一起的——感觉记忆、工作记忆和长时记忆。感觉记忆主管信息的摄取与登记；工作记忆主管信息的组织与编码；长时记忆主管信息的提取与储存。三种记忆的形成同三种心理运作或者加工分不开。感觉记忆有赖于学习者的正常心态与生理基础，感觉记忆发挥作用之后的第一个心理运作则是通过“选择”开启正式的学习之途。选择是聚焦新知识。没有选择就没有学习。学习者从摄取到的众多信息中做出选择，依靠的是目标、愿景、情感、态度、意志、动力、偏好、兴趣等。经过选择后的一小部分信息进入工作记忆。工作记忆发挥的主要作用是对“选择”后的信息进行加工，这就是“组织”，是学习过程的第二个心理运作。组织是梳理新知识。经过梳理的知识，就不再是一团乱码，而是呈现出结构化、形象化、条理化、层级化、系统化等特征，进入了“豁然开朗”“茅塞顿开”“即刻理解”等状态，带上了“表层学习”的烙印。学习过程的第三个心理运作是“整合”。整合是联系新旧知识。相关旧知识从长时记忆中被提取出来，同已经梳理过的新知识汇合，新旧知识融通与变通，产生了新质，由此学习者就进入了“深度学习”阶段。此时的知识带上了个人的特色和情境的条件，知识习得变得更灵活。然后，学习者就从“表现学习”环节进入了“迁移学习”。这样，才是真正做到了学以致用与融会贯通。

教师如何促进生成学习？费奥雷拉和梅耶确定了八个简单的活动：善作小结、结构映射、绘制图示、联想要义、自我检查、自我解释、乐于教人和具身体验。每个活动都支持由梅耶称为“选择—组织—整合”（SOI）的生成学习模型所反映的一组过程：

选择关键观念，将它们组织成一个连贯的结构，并将其与先前的知识进行整合。（参见表 2）（Fiorella et al.，2016）

表 2　生成学习的八种策略（Fiorella et al.，2015）[732①]

策略	含义	积极效果 / 研究基数	效应量
1. 善作小结	材料的书面或口头总结	26/30	0.50
2. 结构映射	创建概念图 创建知识图 创建矩阵表	23/25 5/6 8/8	0.62 0.43 1.07
3. 绘制图示	文本配图	26/28	0.40
4. 联想要义	想象文本图示	16/22	0.65
5. 自我检查	自我模拟检查材料掌握情况	70/76	0.57
6. 自我解释	对材料进行口头或书面说明	44/54	0.61
7. 乐于教人	向别人讲解材料	17/19	0.77
8. 具身体验	用动作来表现学到的东西	36/49	0.51

费奥雷拉和梅耶提出的研究表明：当学生有效使用每一种策略时，对回忆和理解信息都有积极的影响。通过向学生传授具体的策略，教师可以确保学生发展自我调节能力，学会自己选择合适的策略。随着时间的推移，他们会成为更独立自主的学习者，为继续教育或教育之外的生活做好准备。除了让学习变得更容易、更自主，教师还将看到学生的学习动机得以改善，学生会知

① 表格中部分数据与正文中不一致，表格中的数据来自费奥雷拉和梅耶 2015 年的数据。

道如何成功。这些都是“专家型学习者”的标志。

五、主动学习理论的 ICAP 分类学

主动学习理论是当代国际著名认知科学家季清华（M. T.H.Chi）教授提出的。经过 20 多年的实验研究和总结提炼，季清华在 2009 年初步确立了其基本主张（Chi，2009），在 2014 年提出了 ICAP 学习方式分类学框架（Chi et al.，2014），2016 年获得美国心理学会颁发的“教育心理学桑代克职业成就奖”；2019 年获得“鲁姆哈特奖”（被誉为是认知科学的诺贝尔奖）；2023 年获得“一丹教育研究奖”和美国心理学会颁发的“杰出科学贡献奖”。近些年来，季清华致力于将 ICAP 学习方式分类学推广到各级各类课堂，助力教师专业发展。

主动学习理论认为，ICAP 是一种有关学生在教学情境（如教师的讲解、反馈、活动）或教学材料（教材、测验、作业）中如何学习的理论。“ICAP”是认知参与度不同的四种学习方式的英文首字母缩写。I 代表交互学习（Interactive Learning）；C 代表建构学习（Constructive Learning）；A 代表主动学习（Active Learning）；P 代表被动学习（Passive Learning）。ICAP 代表了四种不同的层级。交互学习代表认知参与程度最高，被动学习代表认知参与程度最低。

ICAP 假定学习可以在心理学文献中公认的六种基本过程中

体现。学习引起了一个人原有知识的变化，这种变化就是“学习中知识改变的基本过程”，即储存（storing）、激活（activating）、联系（connecting）、改变（changing）、推断（inferring）和反思（reflecting）。我们可以使用术语“推断”来概括联系、改变、反思等新知识产生机制。这样，知识变化过程可归结为储存、激活和推断三个基本过程。

季清华提出的这种分类方法，将学生的外显行为（以及它们产生的具体输出）分为四种类型或方式，并假设这四种方式与不同知识变化过程相对应。基于每一种外部行为模式下的知识变化过程，我们可以预测四个层次的学习结果（参见图 5）。（Chi，2016）ICAP 的宗旨是：帮助教师设计与搭建各种教学活动，增强学生的认知参与程度，提高学习的获得感与满意度。（Chi，2021）

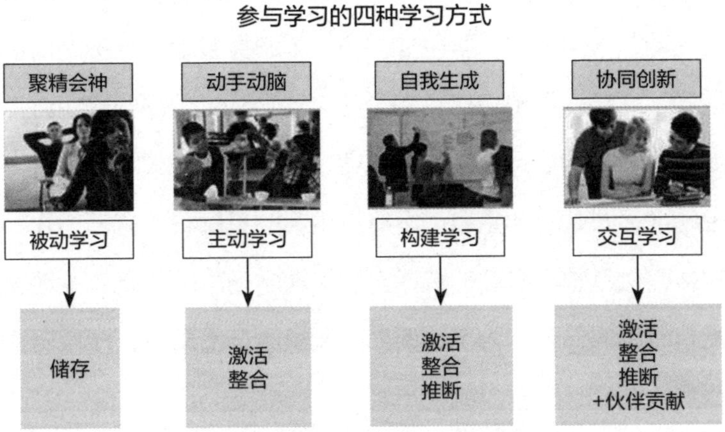

图 5　ICAP 学习方式表征（Chi，2016）

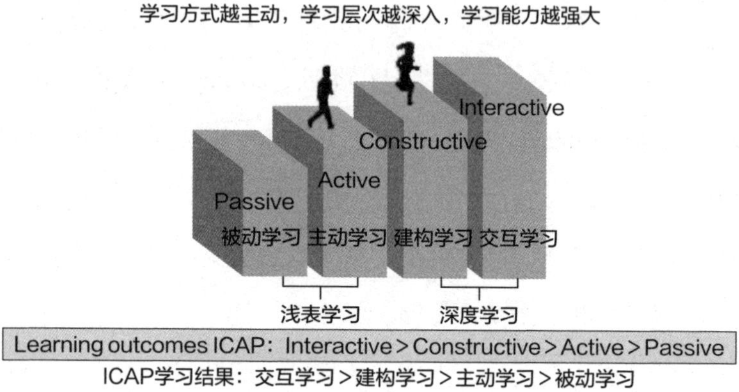

图 5　ICAP 学习方式表征（Chi，2016）（续）

被动学习：学生聚精会神参与教学活动，但是没有其他与学习结果相关的外显行为。这表示学生正在认真听讲、静心读书、观看视频等。不过，学生没有产出可见的学习结果。

主动学习：学生对学习材料或者学习工具动手动脑。这是一种“主动”学习方式，学生参与到一个选择过程中，不是仅仅接收信息，而是要做出选择。为了动手动脑，学生需要聚精会神。这就是说，主动学习方式总是包括了被动学习方式的。不过，采取主动学习方式，学生自己没有提供新的见解，所有一切几乎就是对学习材料做出必要的选择。与被动学习不同的是，主动学习开始有可见的外显行为了，例如在课文中划出重点、抄写课文、计算数学题目、丈量距离大小等。

建构学习：学生能够超出教材提供的内容，生成自己的东西。这是一种“自我生成”的主动学习方式。自我生成的行为一定是包括了动手动脑的行为，且采用了主动建构的方式。重点是学生自己说点什么、做点什么，超出课文，超出课堂上教师的讲解。当然，自我生成的内容不一定都是正确的。只要学生不是乱说一气，教师就要鼓励学生多生成，多尝试。

交互学习：两个以上学生协同努力、合作创新，提出超越给定内容的新观点、新思想、新解法、新策略。交互学习要求学生齐心协力、彼此关照，强调的是积极互赖、公平机会、责任到人，同时要互动，等等。交互学习一定是超越了教师和教材的要求，是有自我生成的内容，但是整体大于部分，“1+1 ＞ 2”。

六、“会话框架”的学习方式

当代国际著名教学设计专家、英国伦敦大学教育学院戴安娜·劳里劳德（Diana Laurillard）教授提出了“会话框架”，旨在帮助教师从学生的角度思考教与学，在正式教育中发展和整合概念和实践，为设计教学提供支持。（Laurillard，2002）在会话框架的基础上，劳里劳德研究了六种类型的学习方式，即获取型学习（Acquisition）、探究型学习（Investigation）、讨论型学习（Discussion）、实践型学习（Practice）、协作型学习（Collaboration）与生产型学习（表现性学习）（Production）。每一种学习的学习经历与体验、目标、学习结果等均不相同。获取型、探究型、实践型、生产型学习属于个人学习，讨论型与协作型学习属于社会性学习。

获取型学习是最刻板的学习类型，它是传递性的——向学习者提供信息。它为学习者创造了发展概念的机会。学习者通过阅读文本、观看视频或收听音频等形式获取知识。其目标在于激励学生在他人成果的基础上进行知识与概念的构建。获取型学习是正式学习过程的重要部分，叙事性呈现媒体在获取型学习中占主导地位。通过结合师生对话、改善概念结构呈现、提供反馈活动，所有媒体呈现的内容均可以得到扩展。这种学习类型可以促进学习者调整自己对概念的理解。他们观察教师的实践与示范，但并不被要求生成任何行动或表达。

探究型学习是学习者通过探索和比较概念、信息，调查和使用资源、数据等方式，控制自己的学习和技能发展的一种学习类型，属于发现型学习。其本质为，学习者在教育者的指导下，通过在学科内真实的实践活动中不断地探索与发现，促进对知识的获取和理解。其目标是促使学生对学科内容的主动学习，使学生对概念产生更丰富的理解，最终对知识形成更为审辩的立场。其主要特点为：教师设置挑战性任务、提供专门的任务资源，学生获得指导、结合个人任务与同伴协作。在此过程中，学习者探索、比较和评估被教授的概念和观点。通过探究型学习，学生将教师的讲解，变成自己的“叙事”（narrative）。在探究型学习过程中，学生能够自己控制信息的序列，更积极地从分析和批判的角度运用信息性和叙事性媒体，形成更为情境化的理解并建构自己的知识系统。

讨论型学习是一种通过对话进行的社会情境学习。学习者需要清楚地表达自己的想法和提出问题，回应和批判性地反思他人提出的问题和观点。在讨论型学习中，教师借助某个问题或议题提供某种刺激，在学习者生成观点和问题后，使之通过讨论调整自己的观点，并产生进一步的认知和提出疑问。巧妙运用课堂对话能够帮助学生外化推理过程，让学生通过社会化过程体验新的思维方式。在讨论型学习中，学生通常会以讨论小组的形式就特定主题、问题或案例展开研讨。然而，多数学生只是间接体验了讨论，而将学习类型转化为获取型。两者的区别在于，讨论型学习需要学生参与表达，比较新旧观点，明晰潜在差异，形成更详尽、准确的表达；而获取型学习只需要“能听”与“跟上”，并不意味着学生真正了解观点并形成自己的表达。

实践型学习是激发学生理解并运用某一领域知识和技能的学习方式。学习者通过执行实际任务，促进知识或技能的发展，并运用所获得的反馈来改进下一步的行动计划。实践型学习有时被称为“做中学”（learning by doing）或“体验式学习”（learning through experience），形成“目标—行动—反馈—修正”循环圈。实践型学习超越了语言和表征的限制。实践型学习的环境提供了目标导向的行动和有意义的反馈与修正。其教学价值在于，学习者能获得对其表现的反馈。学生的行动产生了自然真实的、和预期目标相关的结果，在缺乏教师干预的情况下，学生也能明确如何改进行动。与实践型学习有关的技术，如自适应教学技术、微世界与模拟、游戏和虚拟现实技术等均包含现实环境或系统的某种模型，能就学习者的行动提供内部反馈。

协作型学习，包含了讨论型、实践型和生产型学习，学习者通过在一个项目或任务中共同合作来积累知识，在此过程中逐步找到学习任务的意义、问题的解决方案，或者通过创造一些成果来展示他们所学到的内容。协作型学习的教学法价值突出表现为两个方面，即同伴示范与共同建构。教师在此过程中的作用体现在定位目标（Envision the lesson）、启动协作（Enable collaboration）、鼓励学生（Encourage students）、确保习得（Ensure learning）、评估成就（Evaluate achievement）等方面。在设计协作任务时，教师需要考虑小组的人数以及它是同步任务还是异步任务。

生产型学习（表现性学习）是教师激励学习者巩固所学的一种路径。学习者表达当前对概念的理解及其在实践中的运用方式。例如，教师在学习者写文章时激励他们将自己对文献的探索和批判结合在一起，在学习者创作设计或表演时激励他们以公开演示的形式展现自己的实践成果等。在生产型学习中，学习者将知识付诸实践，通过创造出实际的手工制品或阐明当前对该事物的认知及其实际的应用方式来巩固所学内容。创造产出会生成学习的表达，这种表达又由其他学习类型推动。当学习者从其他学习类型中生成表达时，生产型学习就发生了。

在以上六种学习方式中，一些学习类型存在易于混淆之处。人们通常将讨论型学习与协作型学习混为一谈，然而他们是两种不同的教学范式。讨论型学习不一定能产出明显的学习结果；而协作型学习对讨论有更高的要求：它要求产出某样共享的东西，“创建共同参照”，作为协商讨论的外在成果，用于进一步探索。协作学习与合作学习亦有不同，合作学习关注的是个体在团体环境中建构自己的学习，而协作学习则致力于构建共享的公共知识。此外，在获取型、探究型和讨论型三种学习类型中，学生主要通过语言和表征形式获得理解。协作型学习建立在探究的基础之上，也运用讨论，但它参与知识构建本身的过程，是通过参与而非获取实现的。

表3 “会话框架”的学习方式（Gerta，2021）

学习类型	常用技术与手段	学习者任务
获取型学习	讲座、课堂展示、书籍、文件、视频和网络资源	阅读、发现、命名、明理、回忆、定义、重复、描述、安排、记忆、辨认、陈述

续表

学习类型	常用技术与手段	学习者任务
探究型学习	材料和数字资源、实地考察、现场参观和虚拟现实环境	定位、匹配、解释、实验、记录、解决、收集、列表、安排、定义、描述、分类、辨认、识别
讨论型学习	小组、研讨会、异步在线论坛和同步聊天	评论、辩论、反馈、助力、批判、比较、辩解、争论、合理化、定义、描述
实践型学习	示范答案、样例、互动游戏、模拟、微世界和自适应模型	列表、安排、定义、描述、分类、辨认、识别、定位、匹配、解释、实验、记录、解决、收集
协作型学习	小组项目、建模环境内的小组任务、在线的知识建构环境	创造、分享、讨论、调查、回顾、角色扮演、实践、证明、运用、支持
生产型学习	表达现有观点、给予外部反馈、指导和进一步解释	创造、展示、解释、描述、发展、回顾、记录、评估

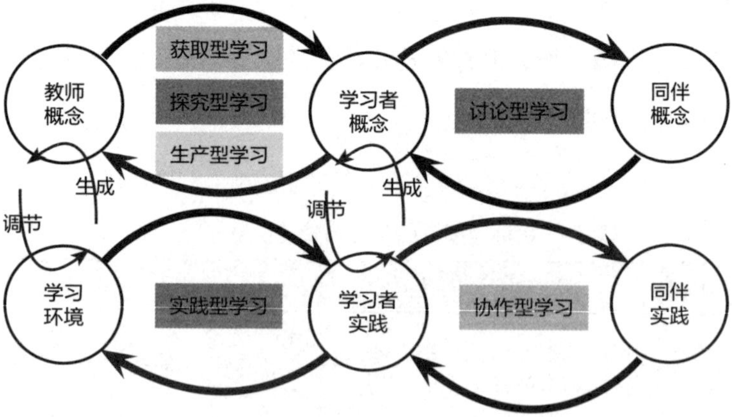

图 6　会话框架（Beaven，2021）

七、新学习方式的研究特征

提问与答问视角的四种学习方式是在 1993 年提出的。综合学习设计的四种方式是在 2012 年左右总结的。ICAP 是在 2009 年先初步总结，在 2014 年形成了比较完整的框架结构。首要教学原理是在 2002 年左右提出的，然后又不断被完善。生成学习是在 2005 年左右完善了 SOI 模型，在 2015 年明确提出了八种学习策略。会话框架是在 2002 年左右尝试提出并且不断完善的。可以说这些新学习方式都有多年的前期研究和总结完善的历史（参见表 4）。

表 4　当代国际教学设计 / 学习科学关于学习方式（教学策略）分类的研究

基根	范梅里恩伯尔	梅里尔	梅耶和费奥雷拉	季清华	劳里劳德
1. 授受 2. 问答 3. 探究 4. 发现	1. 演绎—讲解 2. 归纳—讲解 3. 演绎—探究 4. 归纳—探究	1. 明理 2. 示例 3. 答问 4. 练习	1. 善作小结 2. 结构映射 3. 绘制图示 4. 联想要义 5. 自我检查 6. 自我解释 7. 乐于教人 8. 具身体验	1. 被动学习 2. 主动学习 3. 建构学习 4. 交互学习	1. 获取型学习 2. 探究型学习 3. 讨论型学习 4. 实践型学习 5. 协作型学习 6. 生产型学习

我们认为，以上这些代表性学习方式或者教学策略的研究是一种创新，其基本特征有以下几方面。

1．简约性与通用性

简约性是指，除生成学习的八种学习策略和会话框架的六种学习方式外，其他四种理论都只列出了四种学习方式。新的基本学习方式虽然简约，但不简单，其包含了内化学习与外化表现、个体学习与群体学习、讲解学习与探究（发现）学习、演绎学习与归纳学习等各种学习性质或者学习场景。六类简约的学习方式，给教师的实际应用留下了创造或者变通的空间，教师可以根据实际教学情境加以选择、组合与发展。

通用性是指新的基本学习方式面向的是不同的学习者、不同的学科、不同的年段、不同的教室空间。许多教师都希望找到适合特定年龄学习者、特定学科或者专业、特定教学场景的学习方式，其实这是一种难以企及的目标。提高教学效能，首先要做到的是发现并且掌握基本的学习方式，只有在这个基础上，才能结合学情、教学内容、教师个人特质找到适合的学习方式。

2．科学性与高阶性

ICAP 目前已经被公认为是可以同教育目标分类学相媲美的学习方式分类学，受到了教育研究者、课程开发者和不同学科的教师的重视，正在进行着实验的浪潮。梅里尔指出：明理、示例、答问、练习四种学习方式是首要教学原理的最简约形式，可以说是教学设计理论的一个微缩。生成学习的八种学习策略实际上可以拆分为 4+4。前面四种策略——善作小结策略、结构映射策略、绘制图示策略和联想要义策略侧重面向客体、面向学习任务；后面四种策略——自我检查策略、自我解释策略、乐于教人策略和具身体验策略面向主体、面向学习者的自我调节与完善。客体能力与主体能力相通，谋事虑篇与知己育才交织，体现了生成学习策略的特色。综合学习设计的四种学习方式，将教育和心理领域的分类方式（讲解 – 探究）与学科教师在意的分类方式（演绎 – 归纳）结合起来，是一种科学的总结。会话框架完美兼顾接受学习与发现学习、个体学习与协作学习、论辩学习与实践学习等，适配教学的不同特点和需要。

高阶性是指学习的水平在“理解”之上，学习的内容在“概念”之上。可以说，新学习方式主要是为了培养学生的高阶能力，实现其对知识的迁移运用。这些学习方式主张的学习不是为了记诵而学，不是为了模仿套用，而是将重点放在了探究、质疑、协同、理解、变通、生成等方面。加涅时代的教学设计开创了“以学论教”的先河——为学习设计教学；而梅耶在 20 世纪末又提出了“为意义建构学习设计教学”，后来又进一步总结了生成学习模式。费奥雷拉最新发表了《理解生成式学习》一文，提出的“生成式意义建构框架”，将梅耶和他提出的“生成学习模型”进一步深化，具体到探讨了言语解释概括知识、图示表征组织知识和具身表现模拟知识三者之间的关系。如果说杰罗姆 · 布鲁纳（Jerome S. Bruner）揭示了人类学习的三种表征，即动作表征—肖像表征—言语表征，其演进过程隐喻了人成长的路线；那么，费奥雷拉的研究则进一步阐明了图示表征方式和具身表现方式有助于言语解释方式，直接教学、支架练习和独立练习是三种指导学生掌握生成式意义建构方式的有效途径。（费奥雷拉，2023）

3．参与性与扶又放

行为参与，认知参与，行为参与同认知参与相结合；个体参与，群体参与，个体参与同群体参与相呼应，这可以说是新学习方式的亮点之一。参与（投入、沉浸、心流等）就是能力，便是对能力发展机制的生动概括。越主动学习就越需要参与，越参与就越有能力。这就彻底改变了原来学习方式或者教学策略只反映活动性质与特点的局限，提升了学习方式的地位：需要什么样能力，就应该有什么样的学习方式去对接。学习方式不仅仅要与学习活动相适应，更应该与学习目标和学习评价的方式相适应。

新学习方式已经内置或者镶嵌了扶放有度的基因。例如，综合学习设计的四种方式中，演绎—讲解是全扶的，归纳—探究是全放的，其他两种则是有扶有放的；ICAP 的四种学习方式中，被动学习是全扶的，交互学习是全放的，其他两种是有扶有放的。现代教学科学与学习科学都强调要确立学生的自主地位，培养自主学习能力，但是这不等于直接撒手不管。学习能力不会自动习得，而是要通过持之以恒、细致有力的工作，遵循先扶后放、有扶有放、扶了放手的程序来加以培养。

附录参考文献

中文文献

费奥雷拉，2023．理解生成式学习 [J]．盛群力，张恩铭，译．远程教育杂志，41（6）：20–33.

英文文献

BEAVEN A, 2021. Conversational frameworks and coaching. [EB/OL]. (2021-01-30)[2023-11-12]. https://theteesra.com/2021/01/30/conversational-frameworks-and-coaching/.

CHI M T H, 2009. Active-constructive-interactive: A conceptual framework for differentiating learning activities[J]. Topics in Cognitive Science1, 1(1): 73–105.

CHI M T H, WYLIE R, 2014. The ICAP framework: Linking cognitive engagement to active learning outcomes[J]. Educational Psychologist, 49(4): 219–243.

CHI M T H, 2016. Ted-Talk: Engaging students to promote deeper learning[EB/OL].[2023-11-12]. https://www.youtube.com/watch?v=uC-9lViDGL0.

CHI M T H, 2021. Translating a theory of active learning: An attempt to close the research-practice gap in education[J]. Topics in Cognitive Science, 13(3): 441–463.

FIORELLA L, MAYER R E, 2015. Learning as a generative activity: Eight learning strategies that promote understanding[M]. New York: Cambridge University Press.

FIORELLA L, MAYER R E, 2016. Eight ways to promote generative learning[J]. Educational Psychology Review, 28(4): 717–741.

GERTA, 2021. Diana Laurillard's six learning types: The summary and examples. [EB/OL]. (2021-05-17)[2023-11-13]. https://gerta.eu/diana-laurilliards-six-learning-types-the-summary-and-examples/.

KEEGAN M, 1993.Optimizing the instructional moment: A guide to using socratic, didactic, inquiry, and discovery methods[J]. Educational Technology, 33(4): 17–22.

LAURILLARD D, 2002. Rethinking university teaching: A conversational framework for the effective use of learning technologies [M]. 2nd ed. London: Routledge.

MERRILL M D, 2002. First principles of instruction[J]. Educational Technology Research and Development, 50(3): 43–59.

MERRILL M D, 2006. Levels of instructional strategy[J]. Educational Technology, 46(4): 5–10.

MERRILL M D, 2021. First principles of instruction [M]. Rev. ed. Bloomington, Indiana: AECT.

VAN MERRIËNBOER J J G, KIRSCHNER P A, 2017. Ten steps to complex learning: A systematic approach to four-component instructional design[M]. 3rd ed. New York, NY: Routledge.

VAN MERRIËNBOER J J G, 2019. The four-component instructional design model: An overview of its main design principles[M/OL]. Maastricht, Netherlands: School of Health Professions Education. [2024-04-25]. https://www.4cid.org/wp-content/uploads/2021/04/vanmerrienboer-4cid-overview-of-main-design-principles-2021.pdf.

出 版 人　郑豪杰
策划编辑　池春燕　颜　晴
责任编辑　颜　晴
版式设计　锋尚设计　孙欢欢
责任校对　贾静芳
责任印制　叶小峰

图书在版编目（CIP）数据

生成学习策略/（英）佐伊·恩舍（Zoe Enser），（英）马克·恩舍（Mark Enser）著；盛群力译. — 北京：教育科学出版社，2024.5
（新学习 / 新教学译丛 / 盛群力，滕梅芳主编）
书名原文：Fiorella & Mayer's Generative Learning in Action
ISBN 978-7-5191-3800-4

Ⅰ. ①生…　Ⅱ. ①佐… ②马… ③盛…　Ⅲ. ①学习方法　Ⅳ. ① G442

中国国家版本馆 CIP 数据核字（2024）第 042249 号

新学习 / 新教学译丛
生成学习策略
SHENGCHENG XUEXI CELÜE

出版发行	教育科学出版社		
社　　址	北京·朝阳区安慧北里安园甲 9 号	邮　　编	100101
总编室电话	010-64981290	编辑部电话	010-64981265
出版部电话	010-64989487	市场部电话	010-64989009
传　　真	010-64891796	网　　址	http: //www.esph.com.cn

经　　销	各地新华书店		
制　　作	北京锋尚制版有限公司		
印　　刷	河北鑫彩博图印刷有限公司		
开　　本	890 毫米 ×1240 毫米　1/32	版　　次	2024 年 5 月第 1 版
印　　张	5	印　　次	2024 年 5 月第 1 次印刷
字　　数	79 千	定　　价	36.00 元

图书出现印装质量问题，本社负责调换。

Authorized translation from the English language edition, entitled:
Fiorella & Mayer's Generative Learning in Action
By Zoe & Mark Enser

Originally published in 2020 by John Catt Educational. Email: enquiries@johncatt.com
This translation of "Fiorella & Mayer's Generative Learning in Action" is published by arrangement with John Catt Educational.

北京市版权局著作权合同登记　图字：01–2024–2160号